# 嵐ノコトバ

## ARASHI名言集

Very best Phrase of ARASHI

太陽出版

# プロローグ

なぜ嵐の5人はあれほど輝いているのだろう?

もちろん、それは彼らのパフォーマンスの素晴らしさ、アイドル性の高さに裏打ちされた魅力であることは間違いない。

しかし彼らの魅力はそれだけではない。

一時期の低迷時期を乗り越えてきた5人の絆と結束力。

何事にも懸命に取り組む、前向きでひたむきな姿勢。

つまり彼らの決して心折れることのないポジティブな生きざまが、人々を魅了してやまないからだろう。


そんな彼らから発せられた言葉には力がある。

その言葉に触れた人々に、勇気と希望を与えるポジティブなパワーに溢れている。

本書に掲載している嵐の言葉は、彼らと交流のあるテレビ局スタッフ、ステージ関係者、そしてギョーカイ関係者といった周辺スタッフに、彼らが語った〝生の言葉〟だ。

その中には公の場で語られた言葉もあれば、身近な側近スタッフに舞台裏で語った言葉もある。

もちろん皆さんがすでにご存知の言葉もあるだろう。

しかしそれらの言葉も改めて見直してみることで、新たに気づくことがあるはず。

今まで見逃していた〝大切な何か〟に出会うこともあるだろう。


ご挨拶が遅くなりました。

スタッフ嵐です。

かつて我々スタッフ嵐は、テレビ界、音楽業界、芸能プロダクション……といった、いわゆるギョーカイ関係のネットワークを駆使して、嵐と交流のある現場スタッフ、交友関係などに取材を敢行し、嵐の側近スタッフから集めた〝とっておきのエピソード〟から作った『嵐エピソードBOOK』を世に送り出してきました。

この本は、そんな我々スタッフ嵐がセレクトした、選りすぐりの嵐の発言を1冊に集約した〝嵐発言集のベスト版〟です。

どの言葉にも彼らの想いが詰まった発言ばかり。

側近スタッフだからこそ知っている〝貴重な発言〟が満載です。

単なる〝アイドルの言葉〟ではない、人生を前向きに生きている5人の想いが込められた言葉。

嵐5人が語った言葉を通して、皆さんも前向きに生きる希望やヒントを得られはず。

最後までじっくりと、嵐の言葉に触れてみてください――。

Contents

# 目次

## 二宮和也ノコトバ

〝平等〟と〝不平等〟の本質
仕事で結果を出したいなら
〝こだわり〟と〝未練〟の違い
休むことを忘れられる仕事が〝天職〟
瞬時に「イエス」と言える人
リハーサルから全力を出す
偉い人を利用出来る人
本物の才能を目覚めさせるために
果たすべき責任
活動休止で生まれた〝絆〟
二宮流〝夢を掴まえる方法〟
臨機応変可能な〝ノープラン〟
二宮クンの〝嵐愛〟
繊細と大胆が同居する男
便利に頼りすぎる弊害
人の成功を喜べるかどうか
勝つまでやめない
自分を見つめ直す時間
目的や目標はその先に進むための道しるべ

## 松本潤ノコトバ

137

嵐ネクストステージに待っている〝希望〟
誰よりも負けないために
〝自信度100%〟のステージを見せる
今やれることは今やれ
どこに向かってセリフを届けるか
一番早く決めたヤツの勝ち
人としての魅力
一番美しいセリフ
何度でもトライするスピリット
〝Mr.パーフェクト〟であるためのポリシー
〝石の上にも三年〟の本当の意味
〝ストイック〟に自分を成長させていく姿勢
〝アイデアマン〟であるための唯一の正解
〝嵐〟として一番大切なこと
不自由だからこそ生まれる自由な発想
全力で走り抜けることで築き上げる〝絆〟
5人だからこそ叶えられる〝嵐の夢〟

ARASHI名言集
嵐ノコトバ
Very best Phrase of ARASHI

ARASHI

# 大野智ノコトバ

Very best Phrase of Satoshi Ohno

## マイペースの人生観

『僕、密かに『VS嵐』には“人生が詰まっている”と思ってるんですよ。

他人より速く走っても、途中で転んだらゴール出来ない。

自分のスピードで、小走りで勝つ。それが一番いい』

マイペースな大野クンならではの言葉。

「他人と比較するのではなく、自分は自分の道を進めばいいんだよ」——と、優しく語りかけてくれているようにも感じる。

そして大野クンの言葉には、こんな意味も隠されているのでは。

「ゴールを目指し、闇雲に走り抜けることが正しいのではない。暴走して転んだり、道を逸れては意味がないのだ」——と。

〝自分のペースで、小走りで勝つ〟ことが、決して消極的なわけではないだろう。

どんなに速く走っても、途中で転んでゴール出来なかったら意味がないのだから。

## 自分をどん底から救ってくれた──"人生の恩人"の言葉

『出来るか出来ないか悩んでいるときは、
迷わず"出来る"と思い込めば出来る』

嵐のデビュー数年後、どん底に沈んでいた大野クンを救ってくれたV6・井ノ原クンの言葉。

当時、嵐の人気は低迷し、「このまま嵐を続けていてもいいのだろうか?」「嵐を辞めて好きな絵の道に進んだほうがいいんじゃないのか?」……など、様々な悩みを抱えていた大野クン。

そんな大野クンに悩みを打ち明けられた井ノ原クンがかけてくれたのが、この言葉だった。

当時を振り返り、「すっごいシンプルな言葉だったからこそ、今も胸に残っている」──と語る大野クン。

その後も何度か進路に悩む大野クンだったが、そのたびに、『出来るか出来ないか悩んでいるときは、迷わず〝出来る〟と思い込めば出来る』──を胸に踏ん張った。

シンプルだからこそ心に響いた、あのときの言葉を、大野クンは今でも忘れずに胸に刻んでいる──。

## 役者・大野智の"不器用でも前向きな"ポリシー

『キツい現場、しんどい現場は大歓迎。
苦しめば苦しむほど、"僕の経験値が上がる"って信じてる。
不器用を絵に描いたようなやり方ですけど』

大野クンは役者としてドラマに出演する際、その役柄が難しければ難しいほど「意欲が湧く」という。

それは嵐の他のメンバーに比べてドラマ経験値が低い分、難しい役柄で経験値を上げたい心意気からだった。

『みっともない芝居だけはしたくないし、しちゃいけないんです。僕の評価は嵐に繋がりますから……。そのためには自分のスキルを上げなくてはならない。だけど家で1人きりでセリフの練習をしても、本物のスキルは身につかない。じゃあどうすればいいのかなって考えて、〝難しそうな役に挑戦し続けることが、僕を高めてくれるに違いない!〟という結論に辿り着いたんです』

〝難しい彼に挑戦し続ける〟――まさにこれぞ、大野クンがドラマに取り組む際のポリシーだ。

不器用だとしても、素晴らしく前向きな考え方ではないか。

## 最終的に目指す"人生の目標"

『最近、将来は縁側で日向ぼっこしながら、
自分の人生を"最終的にはなかなか良かったんじゃない？"
って思えるように、そのために自分に胸を張れるような、
"正しく生きていきたい"気持ちが強いんです。
あれっ、ちょっと老けてきたかも？』

大野クンが〝目標〟にする人生。

それは年老いたとき、満足が出来る人生にすること。

自分の人生の良し悪しは自分が決めることで、それは他人の評価に左右されるものではない。

要するに大野クンが言うように、最後は「なかなか良かったんじゃない？」と思えれば、自分の中では最良の人生を送ったといえるのだ。

では、どうすれば〝なかなか良かった〟と思えるのか？

それこそ千差万別、正解などどこにもない。

そこで大野クンが提示してくれた彼なりのヒントが――『自分自身に対して胸を張れる〝正しい生き方〟をしたい』

とはいえ大野クン自身、『何が正しくて何が間違っているか、まだ自分では掴み切れていない』そうだ。

自分自身に対して胸を張れる〝正しい生き方〟――それは自分自身で探すしかないのだろう。

## “正しい嘘”のススメ

『“嘘をついてもいい”って言うつもりはないけど、
でも実はその嘘は自分が“こうなりたかった”姿を表す嘘で、
今は嘘なんだけど、そのうち嘘じゃなくなる嘘。
努力して嘘じゃなくす嘘。
——そんな嘘ならついてもいいよね？』

大野クンは言う。

『嘘にはいろいろな種類がある。嘘をつくことによって自分にノルマを課すような、そんな〝自分を成長させる嘘〟があるんですよね』——と。

いわゆる世間一般の〝嘘〟と、大野クンがこだわる〝嘘〟とはまったく別物だ。

『その嘘を本物にするために必死に努力し、それまでつき続ける嘘。だから今は嘘だとわかっていても、いつか本物になる日まで見守るのが、嘘をつくことを許した、嘘に対する俺の責任』——だと言う。

たとえば見栄っ張りでついた嘘でも、それを実現しようと必死に努力することで人は成長出来るだろう。

そう考えれば、大野クンが言うように〝そんな嘘ならついてもいい〟のかもしれない。

それが〝自分を成長させてくれる罪のない嘘〟ならば。

## 大事にしている“仕事観”

**『確かにお金は大事。**
**でもお金よりも大事なものがあるとすれば、**
**それは“自分の心に嘘はつかない”**
**“この仕事をやり抜くぞ”——の気持ちだけ』**

大野クンは自らの〝仕事観〟について、こんな風に語った。

『仕事って、やっぱり自分のためにやるものでしょ？　そういうものだからこそ、自分を活かすのがこの道しかないと思ったら、誰に反対されてもその道を進むべき——ってこと。もしかしてお給料がスゴく少なくても、仕事の充実感には代えられないと思う』

確かに大野クンも言うように「お金は大事」だ。

しかし何物にも代えがたい〝充実感〟を、その仕事で得られるのだとしたら、お金よりももっと大事なことだろう。

そして仕事をする際に忘れてはならないのが——

〝自分の心に嘘はつかない〟

〝この仕事をやり抜くぞ〟

——その2つの気持ちを大切にすること。

大野クンはそれを忘れずに、自らの仕事に取り組んできたのだ。

## 不満を溢すメンバーに言い放った言葉

**『今、目の前にあることを頑張れないヤツが、(将来)何を頑張れるんだ?』**

それは嵐がデビューした数年後、2002年か2003年の頃――

当時の嵐は華々しいデビューから一変、雌伏の時を余儀なくされていた。

メンバー5人で蕎麦屋のテーブルに座りながら、櫻井クンと松本クンが『今の状況を打破するには下克上を起こすしかない!』といきり立つ中、普段はめったに自分の意見を主張しない大野クンが、2人を一喝して言ったのが――

『今、目の前にあることを頑張れないヤツが、(将来)何を頑張れるんだ?』

それを目の前で聞いた二宮クンは、それ以降、『あの言葉が俺の仕事の根底になった』――という。

嵐でデビューする直前まで、自らも『KYO TO KYO』で〝先の見えない〟日々を過ごしていた大野クン。

まさにその経験が言わせた言葉だけに、メンバーの心にズシリと響いたのだ。

## “アーティスト”としてのプライド

## 『頭で覚える知識には容量があって限界があるけど、頭から生み出す創造には限界がない』

かつて大野クンは、作品作りに没頭している期間の自分に対する周囲の気遣いについてこう語った。

『作品作りに没頭している期間はハンパない気遣いで支えてくださる方とか、かえって申し訳ない気持ちで一杯になっちゃいますもん。でも、あえてひと言だけ僕の考えを言わせてもらえるなら、〝頭で覚える知識には容量があって限界があるけど、頭から生み出す創造には限界がない。だからソッとしておこうとか思わなくていいんですよ〟――ってこと。どんな状況、環境に置かれていても、創造を生み出せないのはアーティストとして限界なだけ』

もし創造力に限界があるとしたら、それはアーティストを辞める決断を下すのみ。

〝何も特別なことをしてくれずともいい。出来上がった作品だけで自分を評価して欲しい〟

それがアーティスト大野智の〝厳しいまでのプライド〟。

これからも大野クンは無限に湧き上がる創造力を形にして、素晴らしい作品を生み出していってくれるに違いない。

## 身につけたいと願う“人間力”

『スゴいアイデアを考えつく人は世の中にたくさんいるけど、
それを実行するパワーと根性がある人にしか、成功は掴めない』

一代にして成功を掴んだ者たちが皆持っているのが、アイデアを具現化する実行力、そして決して折れない精神力。

彼らに共通しているのは、そうした〝人間力〟なのだ。

『昔貧乏だった人が商売で成り上がるサクセスストーリー、結構好きなんですよね。もちろん僕とは立場も世界も経歴もまるで違うけど、同じことが一つだけあるから。20年前の僕を知ってる人で、20年後の僕が嵐のリーダーとして成り上がってる姿を想像していた人、誰一人としていないでしょ？　サクセスストーリーの主人公になった人たちも、みんなそういう環境から這い上がったんです』

かつてそう語っていた大野クン。

思いついたアイデアを必ず実現させることが成功者たちのアイデンティティーだとすれば、何とかその源になっているパワーとバイタリティーを自分のものにしたい――。

それが大野クンの願いなのだ。

## 迷える後輩たちに贈った“ポジティブなメッセージ”

『下を向いて歩いても、運良く拾えるのは小銭だけ。
でも前を向いて、上を向いて歩いていったら、
きっと必ず目指すゴールに辿り着ける。
小銭じゃなく、大銭が待っているゴールに――』

将来を迷う後輩に対し、自分が常に心掛けているポジティブなメッセージを贈った大野クン。

かつて大野クン自身、自ら望んで京都に行ったとはいえ、未来が見えずに毎晩のように眠れないぐらい後悔した時期があった。

『でもお陰で、「二度と後悔なんかしない」――と誓ってこれたんですけどね。「ずっと前だけを見て歩いていこう」――って』

大野クンが後輩に宛てたメッセージには、2015年2月にジャニーズ事務所を退所した大親友・町田慎吾クンの姿があった。

『アイツは最後まで前向きだった。だからこそ退所しても復活出来たんだよ』――と力を込めて語った大野クン。

下を向いて歩いていては、目の前にあるチャンスすら見逃してしまう。

ずっと前を向いて歩いていけば、いつか必ず目指すゴールに辿り着ける。

だから後悔せず、真っすぐ前を見て歩き続けよう――。

## “プレッシャーに強い”理由

『自分がプレッシャーに強いか弱いかで言えば、
きっとみんなの想像以上に強いと思いますよ。
それは俺には余計な“色気”がないから。
この仕事を成功させたら有名になれるとか、
このゲームをクリアしたらヒーローになれるとか、
基本的にはそういう感情を持たないようにしているんです』

大野クンをよく知る番組スタッフによれば、タレントとしても役者としても〝これは絶対にプレッシャーがかかるだろう〟という場面ほど、大野クンの顔からスーッと感情が消えていくという。

普通、どんなタレントでも緊張の色が走ったり、自分を鼓舞しようと逆に感情を露にするものだが、大野クンはそんな場面を迎えれば迎えるほど、何十年も修行した高僧のように、下手をしたら存在自体が〝無〟になるイメージなのだとか。

『よく俺のことを「何を考えているのか読めない」とか「何も考えてなさそうで、実はみんなを見透かしてる」とか言う共演者の方がいらっしゃいますけど、それは俺が目の前の仕事をやり遂げること以外、何も考えてないから』

大野クンが心を平静に保てる理由は、ある意味では〝結果を出すことに執着していないから〟――とも言えるだろう。

ただしそんな大野クンにも、誰よりも〝結果ありき〟で躍起になる場面があるという。

そう、釣りに行って〝自分だけが釣れない〟ときの荒れようは、「まるで赤鬼のよう」……らしいけど。

## 仕事に対する矜持

**『いつまでも心に残る仕事をしていくためには、**
**どこかに自分の“やりがいポイント”を見つけること。**
**無理矢理にでもいいから、必ず見つけること。**
**そうすれば仕事そのものも、きっと楽しくなる』**

大野クンの〝仕事〟に対する矜持。

それはすべての仕事を〝自分の心に残るものにする〟ため、一つ一つの仕事に〝やりがい〟を設定することだった。

将来、「そんな仕事、やったっけ?」と思い出せない仕事をなくすために。

『思い出せない仕事と、いつどんなときでも思い出せる仕事のどこに違いがあるかっていうと、やっぱりその仕事を〝やりきった〟満足感や充実感みたいなところだと思うんです。だったら答えは簡単で、これから出会う一つ一つの仕事にも、満足感や充実感を感じるようになればいいだけの話じゃないですか』

今、自分が抱えている仕事に〝やりがいポイント〟を見つけることで、その仕事に満足感や充実感を感じられるようになる。それが大野クンが出した答え。

『どこかに自分の〝やりがいポイント〟を見つけること。無理矢理にでもいいから、必ず見つけること。そうすれば仕事そのものも、きっと楽しくなる』

この言葉は、仕事に対して悩んでいる人、迷っている人、これから仕事と向き合っていく人、仕事に臨むすべての人の座右の銘にして欲しいような心に残る名言だ。

## 自由について

**『誰だって自由が欲しいのは当たり前だし、でもだからといって、いざ自由になったら100%、120%それを楽しむことが出来るかどうか？……正直なところ自由になってみないとわかりません』**

〝自由〟――とは一体何だろう。

大野クンが言うように、誰だって自由が欲しいのは当たり前だ。

でもいざ〝自由〟を与えられたとき、人はその自由を思う存分楽しむことが出来るのだろうか。

おそらくは〝自由すぎて何をしていいのかわからない〟……そうなってしまう人が大半なのではないだろうか。

嵐の活動休止が決まった後、大野クンは自由になる不安を明かすと同時に、〝自由〟を迎える心境をこう語った。

『ただ一つだけ言えるのは、これまでやりたくても時間的に難しかったり、嵐のメンバーとしてテレビに出ているから無理だったこと、そういう頭の中だけで空想してきた〝自由な自分〟の姿は、心と体が自由を体験するからこそ、初めて新しいステージのドアを開けられるに違いない――ってことなんです』

果たして大野クンが開けた新しいステージのドアの向こうに待っているのは、どんな景色だろうか――。

## 自分自身に課す“責任”

『人間って誰かのひと言や行いで幸せになったり不幸になったり、
人生が180度変わったりすることがあるじゃないですか？
今回、俺が発火点でファンのみんなを悲しませてしまったと思うけど、
でもその悲しみの回収はきっちりと“責任”を持ってやらせてもらう』

活動休止の引き金を引いた自分自身に対する〝責任〟について話す大野クンの言葉。

『2020年12月31日までの2年近くで〝最高の嵐〟を楽しんでもらって、その余韻が、復帰するまでの何年間か続くような、難しいかもしれないけど、それだけのパフォーマンスや作品をみんなに見せることこそが、俺の最低限の役割であり仕事なんですよね』

大野クンが自らに課した〝最低限の役割〟は、活動休止に入るまでに〝最高の嵐〟を見せることで、悲しませてしまったすべてのファンから、その悲しみの回収をしてあげること。

それは休止を言い出した自分が果たすべき〝責任〟で、それが出来なければ活動を休止する〝資格〟がない。

それだけの覚悟を秘めた誓いの言葉だ。

## 5人の絆

『最終的にみんなから「まあ、何とかなるよ」——と言ってもらえたとき、
まず何よりも驚きのほうが先だったんです。
だって“何とかなる”ってことは、
つまりみんなは俺の気持ちを最優先に尊重してくれたわけで、
そこにまた新たな“絆”が結ばれたことに、
自然と涙が溢れてきちゃいました』

ジャニーズJr.の頃から通算すると20年以上、それこそ子供の頃から大人になるまで共に過ごしたメンバーだからこそ築き上げられた深くて強い絆。

『最初に活動休止というかジャニーズの退所を口にしてから、発表まで1年半ぐらいあったじゃないですか？その間、5人の仲というか〝俺vs4人〟みたいな〝リアルVS嵐〟状態になった時期もあって、内心「（俺は嵐というグループと最も大切な仲間、両方いっぺんに失っちゃうんだな）」……って落ち込んだんです』

一時は大野クンにとって〝最も大切な2つ〟を失う覚悟をしたところまで追い込まれたが、決してそうはならなかった。

おそらく大野クンの決断に対して4人は、ある意味では〝認め時〟みたいなものを感じていたのだろう。

それが5人が今までに築き上げてきた確かな信頼関係に基づいた固い絆。

そして、その結果、嵐5人の絆は、より深く、より強くなったのだ。

## “夢を見る”権利

『人は自分の夢を叶えるためなら努力が出来るし、
そこには純粋な向上心だって芽生えてくれる。
覚えておいて欲しいのは、夢を見るのに性別や年令は関係ないってことと、
生物の中で人間だけに許された権利だってこと。
夢があれば前に向かって歩くことが出来るのに、
見ないのはもったいないよ』

誰もが多かれ少なかれ夢を見たことがある。

もちろん思い描いた夢は、結局夢のままで終わることもある。

いや、むしろ夢は叶わず、夢のままで終わることのほうが多い。

そうして夢を見ることを諦めてしまった人もいるだろう。

それでも『夢を見ることを諦めてはいけない』と大野クンは言う。

夢を見るのに性別や年齢は関係ないのだと。

夢を見ることは人間だけに許された権利なのだと。

たとえそれが叶わない夢だとしても。

『それでも夢を見ないまま終わるよりはいい』

そして大野クンもまた、自分の気持ちに正直に、自らの夢に向かって歩き出そうとしている。

## リーダーの役割とは？

『本当はメンバーに明るい"希望"を感じさせるのがリーダーの役割なのに、
むしろ俺自身が「翔クンについていけば嵐は大丈夫」──と、
希望をもらい続けてきたんですよね』

リーダーだから絶対にグループの先頭に立たなければいけない、あるいは精神的支柱にならなければいけないというわけでもないが、しかしグループの〝リーダー〟と呼ばれるメンバーの大半は、間違いなくその役割を果たすべく〝リーダー〟に選ばれている。

『もう何年も自分の中で、「リーダーって何？　どんな役割？」……って葛藤があったんですよ。俺はずっと自分がやらなきゃいけないことのほとんどを翔クンに任せっきりで、しかも翔クンがそれを出来ちゃうから、どんどんと翔クンの負担が大きくなって。〝このままじゃいけない、絶対にいけない〟って気持ちも、ぶっちゃけ「（でも嵐はそうやって回っているグループだからいいか……）」と、無理に自分自身を納得させて抑え込んでいたんです』

しかし逆にこれまでの道程を見ると、彼がリーダーだったからこそ〝メンバーがまとまれた〟のも確か。

すべてのリーダーが〝リーダーシップに長けたリーダー〟である必要などない。

それぞれのグループに合ったリーダー、それが本当の意味での〝理想的なリーダー〟なのだから。

## 大野智流"リーダー論"

**『リーダーのくせに、真正面からメンバーに注意するのが怖い。
だから冗談を言いながら、
ちょいちょい本音を入れて相手に気づかせるタイプなのよ、俺』**

若い頃は〝自称・熱血派リーダー〟だったはずの大野クンが、年令を重ねるうちに超穏健派に。

自身の経験を通して身につけた〝大野流〟のリーダーとしての指導法。

決して強力なリーダーシップを発揮してグイグイ人を引っ張るリーダーではないが、相手に気づかせることで結果的にグループをまとめ上げる手法も立派なリーダーシップ。

むしろ所属するメンバーの顔ぶれによっては、やんわりとした穏健派のリーダーシップのほうが効果的な場合もある。

『冗談を言いながら、ちょいちょい本音を入れて相手に気づかせるタイプ』

なかなか相手を注意出来ない人に向けた、大野クンの経験に基づく貴重なアドバイス。

## 大野クンにとっての"幸せ"とは?

『やっぱりさ、仕事で笑える自分は幸せだし、
みんなが笑ってくれるともっと幸せなんだよ。
メンバー、ファン、スタッフが』

「仕事をする意義や目的をどこに求めるのか?」――そう問われたときに、人それぞれ、自分なりの答えがあるだろう。

ある者は「やりがい」と答え、ある者は「充実感」と答え、またある者は「報酬(お金)」と答え、さらにある者は「人のために役立つこと」……百人いれば百通りの答えがあっても不思議ではない。

大野クンにとって仕事をする意義や目的には「幸せになるため」がある。

嵐の活動やアーティストとしての創作活動を通して、メンバー、ファン、スタッフ、自分に関わるすべての人たちが笑ってくれることが大野クンにとっての〝幸せ〟でもあるのだ。

『やっぱりさ、仕事で笑える自分は幸せだし、みんなが笑ってくれるともっと幸せなんだよ』

仕事に対する価値観は人それぞれ違う。

でも、大野クンのこのセリフは、その答えの一つになるだろう。

## “ハッピーな歌”を唄いたい

**『カッコよく世界中の問題を訴える歌は必要だけど、どこかで「嵐はハッピーな歌を唄いたい」だけの自分がいる』**

世の中の体制に反発する強いメッセージを訴える歌、若者の不満を爆発させるような歌、環境問題を訴える歌、やり場のない怒りをぶつけた歌……様々な問題を歌に込めて提起するメッセージソングは世界中に数限りなく存在する。

もちろん、それらの歌を否定するつもりはないし、世の中の人々にとって必要な歌であることも確かだ。

でも大野クンは言う。

『嵐はハッピーな歌を唄いたい』

自分たちの活動を通して叶えたいこと、それは一番にハッピーな歌を唄い続けることで、人々の心を癒し、元気を与えること。

それが大野クンの本心なのだ。

## “幸せ”の価値観

『人の幸せって、人それぞれで大きさも価値も違うから、
少なくとも俺は、その大小を笑うような人間にだけはなりたくない』

キッパリとそう言い切る、大野クンの信念。
そうなのだ。
人の幸せには〝大小〟などない。
その人自身が〝幸せ〟と感じること、それが幸せの基準だ。
それは決して他人の判断では量れないもの。
『幸せの大小を笑うような人間にだけはなりたくない』
人の幸せの大きさなど、他人にはわからないのだから。

## 仕事に対する“プロ”としての矜持

『きっと俺らの仕事で一番ダサいのは、
“これだけ努力しました！”ってアピールすること。
いいじゃん、涼しい顔で結果だけ見せれば。
それがプロってもんだし、
何でか最近、みんな舞台裏を見せたがるよね』

どんな仕事でも最終的に求められるのは〝結果〟。

そこに至るまでの過程はほとんど求められてはいない。

逆にいえば、結果を出すために努力するのは当たり前。

それが〝プロ〟というもの。

これは芸能という、ある意味特殊な仕事に限った話ではない。あらゆる仕事について言えることだろう。

求められる結果、出さなければいけない結果にキッチリと導くからこそ、プロはプロでいられるのだ。

『それがプロってもんだし、何でか最近、みんな舞台裏を見せたがるよね』

それが大野クンの〝プロ〟としての矜持。

ファンは舞台裏の努力にお金を出すのではないのだから。

## “日本語”に対する独特の感性

『“あいうえお”が五十音ある段階で、
26文字しかない英語には勝ってる。
だって倍近くあるから、
日本語の美しい表現が生まれたんだもん』

英語と比べて（あるいは英語に限らず、他の外国の言語と比べて）、日本語は実に表現豊かな言語だと言われる。〝雨〟一つとってみても、春雨、長雨、五月雨、梅雨、秋雨、霧雨、時雨、雷雨、豪雨、氷雨、夕立……実に400語以上の表現があるという。

それだけの美しい表現はどこから来ているのか。

『〝あいうえお〟が五十音ある段階で、26文字しかない英語には勝ってる』

なるほど、〝あいうえお〟の五十音階から来ているのか――と、思わず納得する独特の分析は〝アーティスト大野智〟ゆえの発想と表現。

日本語の美しい表現を、独自の視点から感じ取る大野クンの優れた感性。

## “プロ”としてあるべき姿とは？

**『自分に自信があるパフォーマンスほど、**
**出し惜しみをして価値を高めたり、**
**クオリティーを維持したりするのも、**
**立派にプロの仕事なんだよね』**

〝パフォーマーとしての自分〟と〝アイドルとしての自分〟との狭間に、ふと思うこんな気持ち。

常に出し惜しみせずに全力で持てる力のすべてを見せるのも大事だが、それは〝プロ〟として果たして正解なのだろうか？

『自分に自信があるパフォーマンスほど、出し惜しみをして価値を高めたり、クオリティーを維持する』

それもまたプロとしてあるべき姿の一つではないだろうか。

そしてそれは、自分のパフォーマンスを楽しみにしてくれているファンにとっても有意義なことではないのだろうか。

〝プロとして正しいやり方とは何なのか？〟

大野クンは常にそれを追求してきたのだ。

## “自分自身”の中に見つける答え

『仕事で悩んだとき、家に帰ってから日記を読み返すと、
過去の自分が今の自分に残してくれたヒントに巡り会える。
僕はそうやって、自分自身の中に答えを見つけるタイプなんです』

これまで15年近く、断続的に書き続けてきた大野クンの日記。

『20才になった記念に何か続けて残せるものを』

そうして書き始めた日記は、デビュー直後の暗黒期からブレイクの波に乗り始めた2006年、アジアツアー、凱旋ドーム、そして遂に5大ドームと国立競技場――次々と夢を叶えてきたその過程で、様々な気持ちを綴ってきた日記。

どんな内容が書かれているのか聞かれた大野クンは、

『本当に仕事や釣りで感じたことなので、全然大した内容じゃないんです。上手くいったときも、上手くいかなかったときも』

しかしそこには何物にも代えがたい大切なものが記されている。

『どんな些細なことでも、書き残しておけばヒントになるじゃないですか？ 仕事で悩んだとき、家に帰ってから日記を読み返すと、過去の自分が今の自分に残してくれたヒントに巡り会える』

大野クンはそうして過去の自分からヒントを探し出し、必死に答えを見つけながら歩いてきたのだ。

### “他人を羨む自分”について

**『自分自身はもちろんだけど、**
**人間に「こんな感情がなかったらいいのに」と思うのは“嫉妬”。**
**でも他人を羨む気持ちが嫌なんじゃなくて、**
**他人を羨む自分に自己嫌悪しちゃうんだよね』**

おそらくは嫉妬心がない人など、この世にはいないだろう。

〝自分と他人を比べても意味がないし、どうなるものでもない〟……頭ではそうわかっていても、やはりどうしても人を羨むヤキモチ、ジェラシーは消えてなくなるものではないらしい。

『この世から嫉妬がなくなれば、俺みたいなタイプの人間はめちゃめちゃ住みやすい世の中になると思う。まあ絶対に消えないことはわかってるし、逆に嫉妬されることが嬉しいと感じるときもあるんだけど……』

自分の素直な想いを語った大野クン。

『人を羨んだり妬んだりしたって何もいいことないじゃん。それって自分の視野を狭くするだけだよ』

時に他人への嫉妬心は、自らを向上させる原動力になることもあるが、出来れば人を羨まずにいられる自分でありたい。

## “薄っぺらいキャラクター”なんていらない

『好きなことをやれているだけで幸せなのに、
自分を着飾ったり、無理をして高価な買い物をしたり、
そんな薄っぺらいキャラクターが、
誰かに夢や影響を与えられるはずがない』

確かに高級なブランド品を身につけたり、豪勢な生活をすることで、「あの人みたいになりたい」と憧れや夢を一般の人々に与えている有名人やスターもいるだろう。

でもそれは大野クンが言うように〝外見だけ〟の憧れ。

『そんな薄っぺらいキャラクターが、誰かに夢や影響を与えられるはずがない』

誰かに本当の夢や希望、勇気を与えられるのは、そんな外面だけのキャラクターではない。

もっとその人の内側から溢れてくる〝真のキャラクター〟であるはず。

それが大野クンの根底にあるポリシーなのだ。

### 大野智流の“ありのままの生き方”

『別に無理矢理に庶民派をアピールするつもりはないんだけど、
普段の持ち物には気を遣ってる。
ぶっちゃけさ、ギリギリのラインでいいと思うんだよな。
“これ以下はさすがに恥ずかしい”……のギリギリで』

芸能人だからといって、別に見栄を張って高級ブランドを身につける必要はない。

むしろ〝そうならないように気をつける〟のが大野クンのポリシー。

『ぶっちゃけさ、〝これ以下はさすがに恥ずかしい〟ギリギリのラインでいいと思う』

要は〝身の丈に合ったもの〟でいいということ。

必要以上に背伸びしたり、逆に無理に自分を〝落とす〟必要もない。

普段通り〝ありのままの自分らしく〟でいいのだ。

そしてそれは、誰にも通じる〝大野智流の生き方〟でもあるだろう。

## 正々堂々と主張すべきこと

『どうしてもやりたいことがあったら、裏で密かに進めようとせず、
正々堂々と主張することが大切なんだよ。
だってそうしないと自分の“本気度”が伝わらないから』

自分の本気が伝わらないと味方が増えない。

味方が増えないと環境も整わない。

これはまさに活動休止が決まる直前の大野クン自身の心境を表した言葉だろう。

『どうしてもやりたいことがあったら、裏で密かに進めようとせず、正々堂々と主張することが大切なんだよ』

だから大野クンは自分の本当の想いを嵐メンバーに正々堂々と伝えた。

自分の心境を隠すことなく、すべて正直に話した。

その結果、大野クンの〝本気度〟はメンバーに伝わったのだ。

## 地道に継続する努力

**『“大したことがない”といって、捨てたり諦めたりしない。どんなことでもコツコツと積み重ねることで大きな固まりになるから』**

どんなに些末なことであっても、積み上げることで形が出来てゆく。

〝大したことがない〟と途中でやめてしまっては何も残らない。

たとえ目に見える大きな成果が得られずとも、少なくとも諦めずにやり続けた努力は、経験となり自信となって、自分にとっての財産となる。

『どんなことでもコツコツと積み重ねることで大きな固まりになるから』

それが大野クンが大切にしている〝地道に継続する努力〟。

どんなことでも諦めずに続けることで、やがて大きな実を結ぶこともあるのだ。

ARASHI名言集

嵐ノコトバ

Very best Phrase of ARASHI

ARASHI

# 櫻井翔ノコトバ

Very best Phrase of Sho Sakurai

## “大役”に臨む際のスタンス

『大変な仕事、難しい仕事ほど、
“気持ちだけでも楽にやらなきゃいけないな”――と。
ある意味、飲んでかかったり見下してかかったりするんです。
じゃないと優位に立てないから』

『NHK紅白歌合戦』白組司会をはじめ、年末に放送される各局の音楽祭の司会など、重責ある仕事を何度も務めている櫻井クン。

『生放送の司会、それもゴールデン（タイム）の生放送は、何度やっても独特の緊張感やプレッシャーは消えませんね。公開放送でお客さんも入ってるから、アーティストさんの演奏中やCM中も、常に何千人に見られてるから気が抜けない』

そう話す櫻井クンが、それらの大役に臨む際に心がけているスタンスが〝相手を飲んでかかる〟こと。

その結果、自分のほうが優位に立つ、つまり精神的な余裕を持つということ。

『もちろん結果も出さないとシャレになりませんけどね』

そうして見事に毎年キッチリ〝結果〟を出してきたのだ。

## 謝って正す“大人な対応”

『たとえ間違った答えを導き出しても、
恥ずかしがらずに堂々と修正すればいい。
要するに自分が間違っていたら、
ちゃんと謝って正しい道に戻すこと』

自分が明らかに間違っていても、大人になればなるほど間違いを認めるのが難しい。

それは大人になるまでに培ってきた自分の中にある〝プライド〟が邪魔するからだ。

『ちゃんと自分の間違いを認める姿は本当にカッコいい。だってプライドを捨ててるんだもん。それが出来るのが〝本物の大人だな〜〟と感銘を受けますね』

凝り固まった頭や性格にならないために、これからも「柔軟でいたい」という櫻井クン。

〝自らの間違いは、自らが正す〟

それは簡単なようでいて難しい。

しかし、それが出来るのが、櫻井クンが言うように〝本当の大人〟なのだろう。

## 対メンバーの"これは敵わないなポイント"

『"尊敬ポイント"に加えて、
対メンバーの"これは敵わないなポイント"が
増えれば増えるほど、嬉しくなるんですよ。
"みんな、まだまだ元気じゃん!"みたいに』

嵐の5人は、たとえば『嵐にしやがれ』などの番組の反省会では、番組スタッフが驚くほど、ズバズバと欠点を指摘し合っている。

時には、普通ならケンカになってもおかしくないような辛辣な意見も飛び交うという。

その根底にあるのは〝お互いの信頼関係〟。

並大抵の信頼関係では、そこまで強くは言えない。

『俺、メンバーに対してそれぞれ最低一つずつは〝尊敬ポイント〟を持っているんですけど、それは基本的には自分にはない感性だったり発想力だったり。あとは努力と根性、そしてフィジカル面の強さですね』

かつてそう話した櫻井クン。

根底に〝尊敬〟がないと、信頼は生まれない。

メンバー全員、それぞれに対して〝これは敵わないなポイント〟を持っているからこそ、嵐はお互いに尊敬し合える関係なのだ。

そして、それが彼らの強い絆へと繋がっている。

## 時には素直に仲間に頼ることも大事

**『先輩や仲間に甘えて、素直に力を借りればいいんだよ。**
**1人よりも2人、2人よりも3人。**
**そこに経験が加われば、きっと何とかなるから！』**

「何事もチャレンジだ！」

そう言ってハッパをかけるのは簡単だ。

しかし何か新しいことを始めようとするとき、経験値がないとやはりどうにもならないときがある。

『新しい企画とかアイデアを考えるのって、実はトレーニングしないとなかなか難しいんだよね。今までそういう、責任のあるポジションを任されたことがない人は、尚更〝どうやっていいのかわかりません〟になる』

そんなときは一人で悩んでいても仕方がないと櫻井クンは言う。

『じゃあ、何も生み出したことがない人はどうすればいいのかっていうと、考える前に動くこと』

時には先輩や仲間に頼ることも大事。

1人より2人、2人より3人……そうして力を借りることで何とかなるものなのだ。

## ネガティブはネガティブを呼ぶ

**『ネガティブな言葉を口にすればするほど、**
**そいつの周りの空気が澱んでいって、**
**友だちまで巻き込むことになりかねない』**

櫻井クンはネガティブな発言や行動を嫌う。

それは〝ネガティブはネガティブを呼び寄せる〟から。

実は櫻井クンのこの発言は、後輩たち（ジャニーズJr.）に向けて放たれたもの。

『最近のJr.の若い子はさ、すごく簡単に〝どん底〟とか〝干され〟って言葉を使うよね。思いっ切り干されてどん底の入口に立った嵐のメンバーとして言わせてもらえれば、ネガティブな言葉を口にすればするほど、そいつの周りの空気が澱んでいって、友だちまで巻き込むことになりかねない。本当のどん底がどんな状態か、リアルに仕事を干されたらどうなるか――どうしても経験したいなら俺が口利いてやるよ』

今の嵐、櫻井翔があるのは、山あり谷ありのアイドル人生を送り、それを乗り越えたからこそ。不遇の時代があったからこそ、今の自分たちはここにいる。

櫻井クンは、そうした自分の歩んできた道に誇りを持っている。

## “プロフェッショナル”に対する譲れない定義

『大切なのはその場数や経験が、己の血や肉になっていること。
そこで発生したトラブルなんかも、
ちゃんと飲み込んで消化していることが重要なんです。
次から次に課題をクリアし、
トラブルを克服して生きてきた人にだけ与えられるべき称号。
それが“プロフェッショナル”と呼ばれることだと僕は思ってます』

『最近、プロフェッショナルという言葉が〝安売り〟されているのではないか?』――と嘆く櫻井クン。

その世界、業界に入って報酬を得れば、誰でも〝プロ〟だと認められるわけではない。

『どんな世界であれ〝俺はプロです〟と胸を張るためには、それなりのキャリアと実績、いわゆる結果が伴わなきゃいけないじゃないですか? でもそれは、単にその世界に〝長くいるだけ〟じゃまったく意味がないし、役にも立たない。たとえどれほどの大舞台や場数を踏んでいようとも、踏んだだけじゃ経験にすらなっていない』

つまり経験だけではなく、課題をクリアして自分の能力として身につけてきた者だけが〝プロフェッショナル〟と呼ばれるべき存在ということ。

逆に言えば自分に対しても、同じように厳しい定義を課しているということになる。

『だって俺がプロじゃないと、嵐の一員でいる資格ないじゃん』

〝厳しすぎるほどのこだわり〟を支えている本音が、櫻井クンのこの言葉に溢れている。

## あえて“合理性”を否定する理由

『仕事のときの俺は、決して最短ルートを選ばない。
むしろ遠回りして余分な贅肉をつけながらゴールを目指す』

『仕事以外の俺は物事を効率的に進めたいから、まず最終的な目的やゴールを先に立てて、そこに向かう最短ルートを逆算して考えるんです』

そう話す櫻井クンは、一見、何に対しても合理的な物の考え方をすると思われがち。

ところが、こと仕事に関しては合理性を否定する。

『何でだかわかりますか？ それは最短ルートで辿り着いた仕事は、見ている人に何の感動も与えないからなんです。ただ単に最短で、早く着いただけの話。そこには何の深みもドラマも生まれないじゃないですか』

なるほど。〝どうすればその仕事が人々に感動を与えることが出来るのか〟を最優先にしているわけか。

それを櫻井クンはこう表現した――。

『見ている人の心を動かし、感動してもらうために、遠回りして余分な贅肉をつけてゴールを目指す』

――と。

## “負け方”でわかる２つのタイプ

『まずは負けることがわかっていても、それでも勝ちにいく人。
不器用で大器晩成のタイプ。
とっとと諦め、早めにサクッと１回負けてから、
次に“どう出れば勝てるか？”を考える人。
要領が良くてトントン拍子に進むかもしれないけど、
実は一番大きな勝ちを掴むことが出来ないタイプ』

人生において大切なのは、勝ち方ではなく〝負け方〟だという櫻井クン。

『思い浮かべるのは仕事でもフットサルでも何でもいいんだけど、自分がそのときに出せる最高の力、ベストを出し尽くしても〝これは勝てない〟ってなったとき、どういう行動を取るかが先々の運命を変えることを覚えておいたほうがいい』

〝負ける〟とわかったときに取る行動には大きく分けて2つのタイプがあるという。

そして櫻井クンの分析によれば、

『負けることがわかっていても、それでも勝ちにいく人は〝不器用で大器晩成のタイプ〟』

『とっとと諦め、次は〝どうすれば勝てるか？〟を考える人は〝要領が良くてトントン拍子に進むかもしれないけど、実は一番大きな勝ちを掴むことが出来ないタイプ〟』

――なのだとか。

さて、アナタはどちらのタイプ？

## 相槌ばかり打つ人の本質

『基本、相槌ばかり打つ人は信用していない。

だってそういう人、わかったフリで聞き流してるだけだもん』

櫻井クンによる〝人間の本質を見抜く〟方法。

『人と話していて相槌ばかりの人は、実際にはこちらの話を半分は聞き流しているものだ』

なるほど、確かに言われてみればそんな気がする。

〝相槌ばかり打つ＝適当に話を流して、聞いたフリをしている〟

これからは話をするときには相手の反応をよく見てみよう。

でも、相槌ばかり打つ人が嫌かと言われると、そうでもないらしい。

『でもそれが芸術的に上手いと、こっちも気持ちがいいから話は別だけど』

そう言って笑う櫻井クン。

話していて気持ち良くなるぐらいの〝相槌上手〟ならば、たとえ聞き流していたとしても、それはそれでＯＫかも。

## “辛い仕事”を受けたとき

『辛い仕事、辛くなるとわかっている仕事は、
それを受けた瞬間に半分終わったようなもの。
だって“受けるかどうか”を決めるまでに、
心の労力を一番使うんだもん』

たいていの仕事は〝始めるまで〟が最も長い。

つまり依頼されて、それを受けるかどうか判断するまでに時間を要するから。

特に「これを受けたら大変だろうな……」と最初からわかっている仕事を受けるときは、受けるまでの心の準備に時間がかかる。

「受けるべきか？　断るべきか？」

〝仕事を受けたら大変〟とわかっているだけに決断までが〝一《ひと》仕事〟。

それが櫻井クン言うところの〝心の労力〟。

確かにその仕事を受けた時点で〝覚悟〟は決まっている。

## 隣の芝生が青ければ自分の芝生も青くする

**『“隣の芝生が青く見える”からこそ、
自分の家の芝生を手入れするんだろ？
俺は羨む人より、羨まれるために努力をする人間でありたい』**

隣の芝生が青く見えるような〝羨むだけの人間〟には決してなりたくはない。
隣の芝生が青く見えたら、自分の芝生も青くすればいいだけ。
そのためには自分の芝生の手入れをすること。
つまり努力と準備を怠らない人間であること。
それが出来る人であるかどうか？

## “個性を磨く”アピールする人の共通点

# 『個性のない人の口癖は“自分の個性を磨く”アピール』

確かに櫻井クンの言うように、「自分の個性を磨く」とアピールする人に限って〝個性のない人〟が多い。

『いや、多いんだよ。最近の若いスタッフさんたちには』口ばかりが立派で、結果を残せないスタッフたちの共通点だと桜井クンは言う。

そして「自分の個性を磨く」とアピールする人ほど、結局何の努力もしていない人が多いものだ。

ただし、これは若いスタッフに限ったことではないだろう。

もしも自分が〝自分の個性を磨く〟アピールをしていたなら、それは〝個性のない〟証拠かも。

もう少し自分から努力する姿勢を身につけたほうがいいのでは？

## 本当に強い人

**『一度挫折した人って、次のチャレンジにやたらと臆病になる。**
**でも二度挫折をした人は、三度目の挫折も怖くなくなる。**
**本当に強い人って、そういう道を歩んできた人』**

何度も失敗し、叩かれながらも必死にチャレンジを続ける人ほど強い。

1回失敗したからといって、それで恐れをなして逃げていては成功など掴めない。

2回失敗しようが、3回失敗しようが、恐れずチャレンジを続ける人が最後には成功を掴むことになる。

逃げ癖がついていない人は、その粘りでいつか必ず結果を出すものだから。

一度や二度の挫折で恐れていてはいけない。

櫻井クン自身も何度も挫折を乗り越えて〝本当に強く〟なったのだ。

## 自分の志を達成するための“3T”

『“Takai、Tooku、Tsuyoi”の頭文字の“3T”があれば、
自分の志は絶対に達成出来る。
遠回りしたり時間がかかったりしても、それさえが自分の身になる』

櫻井クンが〝座右の銘にしてもいいぐらい〟大切にしている〝3T〟とは、〝高い理想、遠くの目標、強い気持ち〟の頭文字のこと。

つまり「高い理想の下、遠い将来の目標を達成すべく、強い気持ちを持って臨み続ける」という意味。

『この先、自分の判断に迷ったり道を探す時は、この〝3T〟を思い出して初心に帰りたいと思います。勇気をくれる言葉ですね』

自分の志を達成すべく、〝3T〟を胸に秘めて常に全力で臨む櫻井クン。

『この先、人生で最も大きな志を持ったり、自分の使命を果たす時が来たりしたとき、僕は高い理想の下、遠い将来の目標を達成すべく、強い気持ちを持って臨むことが出来るのか？　――こんなに力を与えてくれる言葉には、なかなか出会えないよ』

果たして櫻井クンの志、果たすべき使命とは何なのか？　やがてそれを示してくれるときが来るはずだ。

## “仕事人”としてのスタンス

『僕は一つの仕事の中で“ここぞ”っていうポイントに全力を注ぐ。
必ずあるんですよ。結果に繋がる、そんなポイントが』

〝いつも100％で頑張る櫻井翔〟――そんなイメージをお持ちの方もいるだろう。

ある番組スタッフに「何でもかんでも100％で臨む必要はない」とアドバイスされた櫻井クン。

『僕、そんなにいつも全力に見えますか？』

――と答えた後に言ったのが、

『僕はあらゆる仕事において、〝楽しんでやる〟とか〝楽しめればいい〟みたいな考え方はありません。ただし、だからといって常に全力、常に張り詰めていても、逆に結果が出ないことがほとんど』

常に全力で臨むのではなく〝ここぞ〟というポイントで集中して全力を注ぐことが肝心なのだとか。

それはもちろん、勝負どころのポイントを〝外さない〟自信があるからに他ならない。

『必ずあるんですよ。結果に繋がる、そんなポイントが』

それが〝仕事人・櫻井翔〟が仕事に臨む際のスタンスなのだ。

## “自由”の使い方

『「いざ“自由”を手にした時、自分には何が出来るんだろう」
……って、やっぱり考えちゃうんですよ。
何もやる必要はないし、やりたくなったらやればいい、
“それが自由だ”ってわかっているんですけど。
そんな性分だから俺の自由には期限的なリミットがあってこそ、
初めて楽しめるものなんです』

仕事や人間関係、あるいは時間といった、あらゆるしがらみから解放されて〝自由〟を手に入れたとき、果たして人は何をするのだろう。

何をしてもいいし、何もしなくてもいい。

その自由を思いっ切り享受出来る性分の人もいれば、櫻井クンのように〝期限的なリミット〟がないと自由すら楽しめない性分の人もいる。

『たとえば3日休みがあったら、「その3日をどうやって自由に有効的に使うか」――から考える』

そのほうが〝自由〟を有効に使えるらしい。

『でもそれは〝本来の自由〟じゃないかもね』

確かに。〝自由を有効的に使う〟と考えている時点で違うのかも。

何の制限もない〝自由〟を手にしたとき、アナタならどう使う？

## 果たすべき“責任”

『休止を決めたのは“嵐全員の責任”だと痛感しています。
ただし、だからといってその責任に縛られるのも俺は違うと思っていて、
何よりもやるべきことはファンのみんなを楽しませることだし、
そうすれば一度流させてしまった涙を乾かすことも出来る。
そして心の底から笑顔になってくれて、
初めて責任を取る“第一歩”を踏み出せるんじゃないかな』

〝活動休止〟を発表した後に語った櫻井クンの本心。

本当の責任は「活動を再開することでしか果たせない」気持ちが強い櫻井クンは、改めて『誰か一人が悪いわけでも、誰か一人が責任を負うことでもない』と強調する。

その気持ちはデビュー以来、あらゆる場面でグループをまとめ上げてきた〝責任感〟がなせる業。

『何よりもやるべきことは、ファンのみんなを楽しませること』

それが櫻井クン、そして嵐5人が取るべき責任の〝第一歩〟なのだから。

## “強い絆”で結ばれている証拠

『本当はわかりたくなかったし、
リーダーの痛みだって感じたくなかった。
でもね、それは所詮は無駄な抵抗だったんです。
だってそれがわかったり感じたりするのは、
俺たち5人が強い絆で結ばれている証拠だったんですから』

リーダー大野クンの決意を聞いてから活動休止を決定するに至るまでを振り返ってそう語った櫻井クン。

番組の仕切り役、つまりはグループの仕切り役でもあった彼だからこそ、〝許せないけど許したい〟葛藤に苛まれていたことだろう。

『やっぱりさ、ずっと一緒にいたからこそ、〝歯を食いしばってる仲間を見捨てない〟のが、俺たち4人の使命だと思ったんですよ。リーダーが白旗をどんな気持ちで上げたか。それが3度目だったからこそ、ギリギリまでずっと歯を食いしばって頑張ってくれていたことも、俺たち4人には痛いほどわかってしまう』

メンバー同士だからこそわかる〝リーダーの苦悩〟。

だから彼らは、リーダーの決断を受け入れた。

それは彼ら5人が〝強い絆〟で結ばれている証。

## 夢を叶えるための覚悟

『もし本当に夢を叶えたいのであれば、
大切なのはその夢が大きいか小さいかじゃなく、
夢を叶えるためにどんなルートを通って、
どれほどの努力と犠牲を払うか、
その覚悟と気持ちが大きいか小さいか――だと思うんですよ』

櫻井クンが語る〝夢を叶えるための覚悟〟。

本当に夢を叶えたいのであれば、犠牲を払っても夢に向かって歩み続ける努力を怠ってはいけない。

それだけの強い気持ちを持ち続けなければいけないのだ。

その覚悟が出来る人にだけ、夢を叶えることが出来るのだから。

## 相手に求める“ハードル”

『どんな相手に対しても、自分が本当に望んでいることの半分ぐらい、
“半分ぐらい返してくれればいいか”……程度に抑えておかないと、
結局は人間関係が上手くいかなくなってしまう。
それには少し寂しいんだけど、
あまり相手の内面に踏み込んだり、知ろうとしたりしないこと』

櫻井流〝対人関係円滑法〟は「相手に求めるハードルを高く設定しない」こと。

『どうしても僕は距離が縮まると期待しすぎるというか、相手に求めるハードルが高くなるんですよ』

それは後輩たちだけではなく、友だちに対してもそうなのだとか。

相手に求めすぎるということは、相手からもそれ相応の関係性を求められるということ。

確かに櫻井クンの言うことは、人間関係における真理かもしれない。

『どんな相手に対しても、自分が本当に望んでいることの半分ぐらい、〝半分ぐらい返してくれればいいか〟……程度に抑えておく』

自分の望む高さの半分ぐらいにハードルを設定する。

つまり相手に大きな期待をしないこと。

そうすれば、たいていの対人関係は上手くいく。

## “未来の嵐”のために

『一人一人がちゃんと自分に向き合って精進すれば、
集まったときのパワーが何倍にもなる。
今回の活動休止は、それを証明するためのものだと思ってるんですよね』

嵐5人での活動は一旦休止するとしても、5人それぞれの活動は休止するわけではない。

嵐活動休止後について語った櫻井クンの発言は前向きな力強さに溢れている。

『嵐は確実に復活するよ。でも大切なのは元の自分たちに戻ることじゃなくて、より成長した姿で復活すること』

そのためには、メンバー一人一人がちゃんと自分に向き合って精進すること。

メンバーそれぞれが成長していなければならない。

休んでいた時間の分、より成長して帰ってこなければ、わざわざ〝活動休止〟の道を選んだ意味がないのだから。

## 2021年1月1日からの“4人の使命”

**『2021年1月1日以降、俺たち4人がもっともっと輝かないと、**
**リーダーが戻ってくる気をなくしちゃう。**
**もし俺たちが輝いていないと、きっとリーダーは**
**「最近の嵐、あまりカッコよくないから戻りたくない」**
**……なんて言いそうじゃん？』**

嵐活動休止後も芸能界での活動を続ける4人。

リーダーを〝戻りたい〟という気にさせるためにも、4人は今以上にもっと輝いていないといけないのだ。

そのためにも櫻井クンは4人を代表して宣言する。

『どうしても戻りたくなるように、カッコいい俺らでいないとね！』

そう、2021年1月1日以降の彼らも、今以上に成長し、もっともっと輝いているに違いない――。

## 二度と後悔しないために

『嵐が活動休止会見を開いてから半年ぐらい過ぎた頃、ふいに——
「あれ？ 俺たちって今、めちゃめちゃ仲良くなってない!?」
——と感じたんですよ。
何というか一般的な仲の良さではない、
ふとした瞬間にメンバーのことを気遣っていたり、
メンバーの想いを量るようになっていたり。
体と体の距離感ではなく、心と心の距離感が圧倒的に近くなった』

活動休止発表から少し時間が経った頃、櫻井クンが『櫻井・有吉THE夜会』制作プロデューサーに語った言葉。

もちろん嵐はメンバー同士、もともと仲が悪かったわけではないし、むしろジャニーズではグループ仲が良いカテゴリーに入っている。

それでも櫻井クンがこう語ったのは、彼自身の〝後悔〟の念からだろうか。……いやむしろ、〝二度と後悔しないために〟あえて言葉にしたのかもしれない。

『もしかしたらだけど、3年前にこうなっていたら変わってたのかな』

そう呟いた櫻井クン。

一度離れた心、バラバラになった心を修復するのは難しい。

おそらく嵐は、そうならないために互いを尊重し、活動休止の道を選んだのだろう。

心配することはない。

彼らには5人で荒波を乗り越えてきた〝20年間の絆〟があるのだから——。

## 遠回りは成功への近道

『どうしても欲しいものを手に入れるためにする遠回りは、
実は成功の近道』

成功への近道があるとすれば、それは何か。
おそらくそれは〝周到な準備〟だろう。
失敗した場合も考えて、第二、第三……の方法を用意しておくことも必要だ。
〝欲しい〟からといってやみくもに手を出しても簡単に手に入れられる代物ではない。
それが〝どうしても欲しい〟価値あるものであれば尚更だ。
だから遠回りでも時間をかけてしっかり準備を整えること。
そこに成功が見えてくる。

## チャレンジ精神を持ち続ける

『何才になっても遅いチャレンジはない。

俺の40代、50代、60代を見てろよ！』


新しい何かにチャレンジするのに遅いことなどない。

いくつになってもチャレンジ精神を忘れてはいけない。

チャレンジ精神をいつまでも持ち続けることが、生きていく上でのエネルギーとなるのだ。

『俺の40代、50代、60代を見てろよ！』

果たして櫻井クンはどんな40代、50代、60代を見せてくれるだろうか。

## 戻るよりも乗り越える

『右に行って行き止まりだったら、戻るよりも乗り越えるよ』


櫻井クンの仕事に対する一つのスタンス。

たとえ困難な壁にぶつかったとしても、決して後戻りせずに乗り越える。

とはいえ、ただガムシャラに乗り越えようとしても壁に跳ね返されるだけ。

壁を乗り越えるには、乗り越えるための努力や知恵が必要だ。

そして、どんなに困難だとしても決して諦めないこと。

行き止まりに突き当たるたびに戻って引き返しているようでは、いつまで経ってもどんな壁も乗り越えることなど出来はしない。

## 決断に悔いを残さない

『自分の人生の選択が正しかったかどうかなんて、
今日の俺じゃなく“明日の俺に聞いてくれ！”って感じ。
だって明日になればまた、新しい選択が待っているんだから』

その時その時の決断に〝悔いを残さない〟櫻井クンの姿勢を表す典型的なセリフ。

そう、人生は選択の連続なのだ。

一つの選択をいつまでも引きずって後悔していては前へ進めない。

前へ進めば、また新しい選択が待っている。

常に選択の繰り返し――それが人生だとすれば、〝その選択が正しかったかどうか〟なんて今考えても仕方がない。

〝決断したことに悔いを残さない〟で前向きに生きていくしかないのだ。

## 向上心の入り口に立つ

『知識は“広く浅く”よりも“狭く深く”って言う人がいるけど、
俺は広く浅くでも狭く深くでも、
ぶっちゃけどっちでもいいと思うんだよね。
だって大切なのは、知識を得ようとする志じゃん』

大切なのは知識を得ようとする気持ちであり、広く浅くだろうと狭く深くだろうと『どっちも間違っていない』と話す櫻井クン。

知識を得る、学ぶ気持ちがなければ、向上心の入口には立てない。

最も肝心なのは、知識の内容ではなく、〝知識を得たい〟と思う姿勢なのだ。

その気持ちが人を成長させるのだから。

## 不平不満はどう解消すべき

**『不平不満は、言えば言うだけ膨大な負のエネルギーが溜まる。**
**おかしいよね？ 発散してるつもりなのにさ。**
**でもそこに、本当の答えがあるんだよ』**

言えば言うだけ〝負のエネルギー〟が溜まるのならば、不平不満はどうやって解消すればいいのか？

発散しているつもりが溜まっていくのならば……。

いつも不平不満を口にする人間は、いつまで経ってもそこから先に進めないし、成長もしない。

ならば、自らを成長させ、前に進むためにはどうすればいいのか。

櫻井クンはそれを問いかける。

『そこに、本当の答えがあるんだよ』

櫻井クンが示す答えが、皆さんにはわかるだろう。

## “そのうち”か“今”か

『直感で“これはそのうち飛び越えられる”って思うハードルは、
ちょっと頑張れば今すぐ飛び越えられる。
“そのうち”まで延ばすのか“今”頑張るのか——結構重要な選択肢だよ』

何かに臨むにあたって〝そのうち出来る〟と考えて、すぐにやらない人は、結局いつまでも〝そのうち〟で終わってしまう。

〝そのうち出来るのだから今やろう〟と考えて即行動に移せる人は、たとえ行動を起こして上手くいかなかったとしても、いずれ必ずそのハードルを飛び越えられる。

〝そのうち〟まで延ばすのか、〝今〟頑張るのか——。

その姿勢の違いが将来の成長に繋がる。

ARASHI名言集

嵐ノコトバ

Very best Phrase of ARASHI

ARASHI

# 相葉雅紀ノコトバ

Very best Phrase of Masaki Aiba

## “知ったかぶりをしない”素直なスタンス

『僕は、絶対に知ったかぶりしないことを心に決めているんです。
知らないことは知らないし、見栄を張っても仕方がない。
そのスタンスはこれからも変わりません』

今やすっかり日曜日夜6時の看板番組に成長したテレビ朝日系『相葉マナブ』に臨む相葉クンの〝当初から変わらないスタンス〟。

いい意味で相葉クンの〝少年のような心〟がロケに好影響を与えているようだ。

『この番組はロケをやるたびに新しいことを覚えるし、そのときの「新鮮なリアクションもいい」って褒めてくれる。ウチの番組は生きるための雑学や蘊蓄みたいなものがテーマで、毎回、新たな発見に出会える。だから僕は、絶対に知ったかぶりしないことを心に決めているんです』

相葉クンが言うように「知らないことは知らないし、見栄を張っても仕方がない」。

いやむしろ、見栄を張ることで損をするほうが多いだろう。

とはいえ、とかく誰もがつまらないプライドから見栄を張ってしまいがちだ。

相葉クンの〝知ったかぶりはしない〟素直なスタンスをぜひ見習いたいものだ。

## 相葉クンを救ってくれたひと言

### 『自分で自分を責める癖はつけるな。
### どうせ誰かに責められるんだからさ』

若かりし頃の相葉クンが救われた、〝師匠〟志村けんさんからのひと言。

それは「慣れない仕事だからこそ、自分に自分でプレッシャーをかけてはいけない」という、親心のような言葉だった。

2004年4月クールから『天才！志村どうぶつ園』のレギュラーを務める相葉クンだが、番組に出演した当初はロケでも失敗することがたびたびあった。

そんなときに声をかけてくれたのが志村さんだった。

『ロケでも何でも、番組で大切なポイントで失敗したら、誰だって引きずっちゃうじゃないですか？　初めて『天才！　志村どうぶつ園』に参加させてもらえた頃、経験不足で上手く出来なかったのはもちろんだけど、やっぱり志村さんの存在自体にビビってた。ある日、例によって失敗を引きずっていたら、志村さんが笑いながら「自分で自分を責める癖はつけるな。どうせ誰かに責められるんだからさ」って声をかけてくれて……。それで僕、開き直ることにしたんです。もちろん、良い意味でですよ』

相葉クンは志村さんのお陰で伸び伸びと、そして確実に成長することが出来たのだ。

## 他人と違うのが“個性”

**『僕は昔から“多数決で多いほうのグループにいる”ことが苦手で、
大多数の意見的なものを押しつけられると、
気持ちが萎えちゃうんです』**

いつも明るく、周囲の意見に合わせて盛り上がるタイプに見える相葉クンだが、実はそれこそが最も苦手なことだという。

『この話を人にすると、だいたいの人が〝意外〟そうな顔をするんです。僕は昔から〝多数決で多いほうのグループにいる〟ことが苦手で、大多数の意見的なものを押しつけられると気持ちが萎えちゃうんです。10人以上で多数決取ったりするの、マジに無理』

ジャニーズJr.時代も何十人もで一緒にいるのは結構しんどかったという。

そんな相葉クンを救ってくれたのは、リーダー大野クン。大野クンに悩みを相談した相葉クンは、きっと〝頑張ってみんなの輪に入るべきだ〟と言われると覚悟していたところ、大野クンが言ったのは……

『いいんじゃない。他人《ひと》と違うのが個性なんだから』

悩める相葉クンを救ったリーダーのひと言。

そう、〝自分は自分〟だ。

大野クンが言う通り、〝他人と違うのが個性〟なのだから。

## 自分自身にまず勝つ

『基本的には自分自身と戦うつもりでテレビに出ているんです。
家のテレビの前に自分がいて、その自分を笑わせるつもりでやっている。
自分に勝てない人間が他人と戦うなんて、百年早いでしょ』

相葉クンがテレビ番組に出演する際に心がけているスタンス。

よく「ライバルは誰？」なんて質問があるけれど、そんなとき自分ならば何と答えるだろうか。

『僕はどの番組でも、特定の誰かと戦うためにやっているわけじゃないし、そりゃあ、たまには悩むこともあるけど、でも基本的には自分自身と戦うつもりでテレビに出ているんです』

〝他の誰でもない。戦う相手は自分自身〟

そう言い切る相葉クン。

そう、ライバルと戦う前に、まず戦うべきは〝自分自身〟なのだ。

『自分に勝てない人間が他人と戦うなんて、百年早いでしょ』

自分に勝てない人間は、他人と戦っても一生勝てるわけがないのだ。

## “信じてくれる人”のために頑張れるかどうか

『人は自分のことを“信じてくれる”人がいるかいないかで、
本当の人間力が試される。
信じてくれる人のために頑張れる人じゃないと、
お互いに長く続く良い関係は築けない』

実はこの言葉は、相葉クンがプライベートの友人と訪れた小料理屋さんの女将さんから聞いた言葉。

『その人はもう30年近くお店をやっていて、そうするとこれまでにたくさんの従業員を雇ってきたわけですよ。面接をして雇うかどうか決めるとき、何をポイントにするかというと、〝もし自分がその人を信じて味方になってあげたとしたら、その人が仕事にやりがいを感じてくれるかどうか〟……を見抜くそうです』

それに続けて出たのが冒頭の〝人間力〟の話。

『俺、それを聞いてて3回ぐらい〝確かに!〟って言っちゃって。だって自分を信じてくれる人のために頑張るって、まさに嵐のことですもん』

相葉クンが〝最高の人生訓〟と感激したこの言葉。

『信じてくれる人のために頑張れる人じゃないと、お互いに長く続く良い関係は築けない』

信じてくれる人のために頑張れる人でありたい——。

## “笑顔”の裏側にある、過去の辛い経験

**『俺、「人生の中で“怒ってる時間”ほど無駄な時間はない」**
**――って思ってるから。**
**たまに“イラッ”とか“ムカッ”とか来たときは、**
**そうさせられた相手にキレるんじゃなく、**
**「自分は絶対に“人の嫌なことはしない”」――って考えればいいんだよ。**
**そうしたら自然に、腹も立たなくなるから』**

たとえば理不尽なことに対して怒りを露にするよりも、そうされたら〝人は不快になる〟ことを肝に命じ、自分自身の行動に反映させる。

人の嫌がることを〝決してやらない〟のは、意外に難しいけれど、相葉クンは常にそのことに気をつけている。

『これでも若い頃は結構短気で、めっちゃブイブイ言わせてたから。でもそんな自分がどうして変わったか……っていうのは、やっぱり病気で入院した経験が関係してると思う。ずっとベッドの上で、仕事に復帰したら〝あーしよう、こーしよう〟みたいなことをいろいろ考えてて、その中に〝ギリギリまで腹を立てない〟があったんだよね』

自らの経験をそう明かした相葉クン。

〝イラッ〟とか〝ムカッ〟とか来たときは、そうさせられた相手にキレるんじゃなく、「自分は絶対に〝人の嫌なことはしない〟」って考えてみよう。

そうすれば相葉クンが言うようにスーッと怒りが静まるかもしれない。

## “大人になる”ということ

『僕流の言い方で言うと――
「仮に人生を悟らなければならないのが大人だとすれば、
僕はまだまだ大人になりたくない。
そんな簡単に悟れるほど、僕の人生は安っぽくないから」
――かな』

〝大人〟って何だろう？

単純に〝20歳以上の成人〟を「大人」と呼ぶこともあるけれど、ここで相葉クンの言う「大人」はまったく別の意味。

相葉クン流で言うところの〝人生を悟らなければならない〟のが大人だとすれば、それは言いかえると〝悟りを開いたように物分かりがいい〟ことが大人だとも言えるだろうか。

『そんな大人にはまだなりたくない。人生を悟るには早すぎる。だって人生でまだまだ挑戦したい、やってみたいことがたくさんあるから』

そう思えるうちは、まだ〝大人〟になっていない証拠。

大人になることは決して悪いことではないけれど、大人になることで失うものもきっと多いのだろう。

## “旬”のネタと“旬を外した”ネタ

**『旬の魚は人気もあるし、みんなありがたがる。**
**でもそれは旬を外して全体のバランスを取ってくれる魚がいるからこそ**
**——の話なんだよね』**

鮨屋のカウンターにはいろいろなネタが並んでいる。

その季節の旬のネタもあれば、一年中あるようなネタもある。

「旬のネタだけ並べておけばいいのに」

そんな風に思う人もいるかもしれない。

でも実は、旬のネタを主役にするため、一年中、用意しておかなければならない旬を外したネタが、旬の旨味をより引き立ててくれているのだ。

これは何も鮨屋に限った話ではない。

人は誰も一人で生きているわけではない。

誰かに支えられて生きている。

そうした誰かがいるから、自分も輝ける。

そのことを決して忘れてはいけない。

相葉クンの言葉には、その想いが込められている——。

## “イエスマン”はいらない

『この前、昔から僕らを見てくれているプロデューサーさんに――

「嵐の周りにはイエスマンがいない。だから素晴らしいんだ！」

――って言って頂いたんですよ。

たぶん、褒め言葉で合ってますよね』

普通は嵐ほどの売れっ子になると、周りにいるのは彼らの言うことを聞くぐらいしか能がないイエスマンだらけになるもの。

それで毎日、気持ち良く仕事が出来るかもしれないけれど、どんどんワガママになり、自分たちを見失ってダメになっていく。

それが典型的な〝売れっ子病〟。

芸能界に限らず、どの世界でも売れっ子や成功者になると、とかく周りはイエスマンだらけになるもの。

その点、嵐は違った。

イエスマンではない、彼らに意見する人がちゃんと周りにいたのだ。

『嵐の強さはそこから来ている。自分たちで考える癖をつけられた』

たとえ嵐がどれほど大きなグループになろうと、彼らと意見を戦わせる人物がいること。

その環境が嵐をさらに大きなグループへと成長させてきたのだ。

## 喜びを分かち合うことで何倍にもなる

『俺思うんですけど、日常の楽しさや幸せは誰かと分かち合うことで、
より価値が上がるものじゃないんですかね。
一人で喜びを噛み締めるのもアリ、
でもその喜びを２人で分かち合えば何倍にもなる。
だから俺はいつも、誰かといたいんですよ』

相葉クンは言う。

『喜びや楽しみを何倍にもしてくれる友人がいるから、人生が充実しているのだ』

――と。

これが相葉流の〝人生を楽しくするための方法〟。

『普通はみんな、特にグループで活動しているメンバーは「プライベートまで一緒にいたくない」と言って、仕事とプライベートはキッチリと分けて、出来るだけ一人で過ごしたりしてますよね。でも俺は逆に、仕事が終わったら誰かといたいんです。俺思うんですけど、日常の楽しさや幸せは誰かと分かち合うことで、より価値が上がるものじゃないんですかね』

楽しいことを半分ずつ分け合うのではなく、分かち合うことで何倍にも楽しくなる。

そのためには、楽しさが何倍にもなるような相手を見つけること、その人を好きになることが必要。

簡単そうに見えて、これがなかなかの難題かも。

## 自分を成長させる方法

『俺がメンバーの中で明らかに出遅れているのは、いい意味での我を通せないこと。
みんな、どうしてもやりたい仕事は逃さないし、
次に何をやりたいかも決まっている。
俺にもようやく見えてきたモノを、どうやって掴み獲ればいいのか……。
みんなの良いところは素直に真似て吸収することは恥ずかしいことじゃないよね？』

どんな仕事にも自然体で、そして積極的に取り組むポリシーを貫いてきた相葉クンに芽生え始めた、もうワンランク上の高みを目指す新しい〝欲〟。

『いつか〝どうしてもこれだけはモノにしたい！〟って仕事に出会えたときには、自信を持って「俺にやらせてください！　やりたいです」——と手を挙げられる自分でいたい。今から準備出来そうなことは何でもやっておきたい』

それが相葉クンに表れた意識の変化、〝仕事に対する前向きな変革〟。

そう、メンバーをお手本にすることは恥でも何でもない。

良いところは素直に真似て吸収すればいいのだ。

それが自分を成長させる、一番確かな方法なのだから。

## 「大丈夫だから気にするな」の言葉

『何度か海外に行って気づいたのは、どこの国にも必ず、
「大丈夫だから気にするな」を意味する言葉があるってことなんですよ。
英語だったら「ドンウォーリー」や「ネバーマインド」で、
タイ語だったら「マイペンライ」、
日本の方言でも沖縄の「なんくるないさー」が有名ですよね。
俺、本当にそういう言葉のことを“素敵だな～”って思ってるんです』

言葉一つが人を救うことがある。

救われた相葉クンだからこそわかる、そのありがたみ。

『中にはタイとか沖縄とか南の方にある国や島に対して、「マイペンライ」や「なんくるないさー」を〝怠け者〟的な言い方をしてバカにする人がいるけど、とんでもない！　「大丈夫」「気にするな」って言葉が、どれほどの悩み苦しむ人を救ってきたと思ってんのさ。俺も体を壊して入院していたとき、メンバーの「大丈夫」「気にするな」「焦らないで」の言葉がなかったら、絶対に心が折れてた自信がある』

心が折れる自信はいらないけれど、メンバーの言葉に救われた相葉クン。

もしもアナタが悩み苦しんだときには、相葉クンの言葉を思い出してみればいい。

「大丈夫」

「気にするな」

「焦らないで」

――きっと、この言葉たちが心折れそうなアナタを救ってくれるだろうから。

## 常識やセオリーを捨ててみる

『石橋を叩くことをやめたら、
どんな橋も太く短く広く見えるようになってきた。
常識やセオリーを一度捨ててみるのも有効なやり方だよ』

どちらかといえば、仕事や勝負事には〝臆病なほど慎重〟だった相葉クン。そんな彼が『相葉マナブ』など冠番組を始めてからは、自分でも驚くほどの変化が。

『石橋を叩くことをやめたら、どんな橋も太く短く広く見えるようになってきた』

慎重さは大事だけれど、あまりにも慎重すぎればそれは〝臆病〟になる。

常識やセオリーを一度捨ててみれば、意外な真実が見えてくることもある。

チャレンジしてみることで、新たな世界が見えてくることもある。

時には、石橋を叩くことをやめてみることも必要。

## プレッシャーやストレスは成長の糧

『どんな仕事もシンプルに考えるようにしてから、
プレッシャーやストレスが驚くほど減ったんだよね。
でもそこで気づいたのは、
少しもプレッシャーやストレスを感じない仕事は、
逆に自分を成長させてもくれないってこと』

かつて相葉クンは自ら、『嵐の中で一番虚弱体質なのは、プレッシャーやストレスに負けちゃうから』――と話していた。

しかし逆に、プレッシャーやストレスがない仕事ばかりしていると、自分が成長していないことに気づいたという。

つまり、プレッシャーやストレスは、自分を成長させてくれてもいたのだ。

プレッシャーやストレスに押し潰されそうになったときには、相葉クンの言葉を思い出せばいい。

『プレッシャーやストレスは自分を成長させてくれる。これを乗り越えれば自分は成長することができる』

そう考えることが出来れば、プレッシャーやストレスに負けない自分でいられるはずだ。

## あえて反対方向を向く

『メンバー５人中、俺以外の４人が賛成したことには基本的に反対する。
そういうヤツが１人でもいないと、グループはダメになるから』

みんなが同じ方向を向くことだけがグループを良くする方法ではない。

あえて反対方向を向くことで、もう一度、足元を見つめ直すことが重要。

「イエスマンばかりではダメになる」

それと同じこと。

メンバー同士の仲が良いことはいいことだけど、みんなで〝仲良しこよし〟のグループはダメになるものなのだ。

## ひらめきや勘が鋭い人の弱点

**『物事をひらめきばかりで決める人って、
勘が鋭い人じゃなく“考えるのが苦手な人”って、
疑っておいたほうがいいよ。
顕著な例がここにある(笑)』**

確かに、ひらめきや勘が鋭い人はいる。

それがおそろしく素晴らしい決断だったりすることもある。

とはいえ、いつでもそのひらめきや勘が正解かといえば必ずしもそうではないことが多い。

大事なのは、そのひらめきや勘を引き出すための知識や考察がベースにあるかということ。

それがなければ、ただの〝一か八か〟のギャンブルと変わらない。

『顕著な例がここにある』

自虐的に語る相葉クンだが、自分自身の弱点を理解していることが肝心。

常に〝自分自身〟を把握しておくことで、ひらめきや勘にも〝差〟が出るものなのだ。

## “続ける”執念

**『俺らの仕事で一番大切なのは、**
**特別な才能じゃなく“続ける”ことへの執念。**
**その執念がない人は、気づけば現場からいなくなってるし、**
**お別れの言葉も言えないから寂しいね』**

その〝続けることへの執念〟も立派な才能。
これは何も芸能界に限った話ではない。
「継続は力なり」
そんな格言もあるように、続けることは才能の一つ。
何事も続けなければ結果は出ないし、成功を収めること
など出来はしない。
諦めないで続けること。
それが出来れば、やがて結果はついてくるものなのだ。

## 相葉流“コンプレックス克服法”

## 『自分のコンプレックスを克服するには、誰かに褒められるのが一番の特効薬』

誰が最初に〝褒められて伸びる子〟などと言い出したのだろうか。

むしろ大人になればなるほど〝褒められたい〟欲求が募るらしい相葉クン。

確かにコンプレックスを克服するには褒めてもらうことが一番の特効薬かも。

『だから俺、誰かとメシを食いに行くときは、どれぐらい褒めてくれる人かどうか、それをチェックしてから誘うかな(笑)?』

これぞ相葉流〝コンプレックス克服法〟。

## “嵐復活”への想い

**『今負けたって、次に勝てばチャラ。**
**いや何なら“チャラ＋α”で大勝ちまである。**
**見ててよ、ちゃんと。**
**“いつ”とは約束出来なくても、**
**そのときは“＋ααααα”……ぐらいのおまけを用意しておくから』**

嵐の活動休止が発表された後、相葉クンが心境を語った言葉。

相葉クンらしいポジティブな発言で、活動休止の不安を吹き飛ばしてくれる。

『最後まで抵抗することが俺の役割だと思ってたし、それがある意味、グループの中で果たすべき責任でもあったよね。結果的には自分が思っていた責任を全うすることが出来なかったし、その時点で〝俺は負けたんだな～〟とも感じた。でも誤解しないでね。俺の場合は病気に負けて入院しても、退院して復活してからのほうが強かったから。俺の強みは〝負けることを恐れない〟こと。今負けたって、次に勝てばチャラ。いや何ならチャラ＋αで大勝ちまである』

「それを見ててよ」と言う相葉クン。

〝＋ααααα……ぐらいのおまけ〟を付けて嵐が復活する大勝を期待しよう！

## 秘密を共有して生まれた”奇妙な絆“

『やっぱり生まれて初めての経験じゃないかな？
リーダーのために、誰かのために嘘をついてきたのは。
まあ正確に言うと嘘をついたんじゃなく、
知らんぷりをしていただけなんだけどね。
でも何だろう、5人で物凄い秘密を共有したからか、
奇妙な“絆”が生まれちゃったりしたんだよね。
本当、笑っちゃうぐらい今更だけど』

記者会見当日まで〝活動休止〟の事実を、信頼出来るごく親しい人物にしか伝えなかった嵐メンバー。

それはヘタに世間に伝われば、誤解されて〝リーダーが悪者にされてしまう〟という、大野クンを想う気持ちからでもあった。

そうして〝秘密〟を共有したことで、相葉クン言うところの「奇妙な絆」が5人の間に生まれたという。

最後に自虐的に「笑っちゃうぐらい今更だけど」と、ちょっと寂しげに語ったのは、〝今も休止をしたくない、笑われてもいいから撤回したい〟気持ちゆえにか。

相葉クンの胸の内にある〝嵐愛〟が透けて見える言葉だ。

## 失敗も人生の一部

**『失敗は誰にでもあるし、**
**「ひょっとして失敗も“人生の一部”なんじゃない？」**
**――って気づいてからは、**
**何でも楽しめる等身大の自分でいられるようになったんです』**

相葉クンと身近で接し、普段の顔をよく知る側近スタッフは、「実は彼は、嵐のどのメンバーよりも繊細で傷つきやすい」と言う。

いつもニコニコ、陽気な天然ぶりを発揮する相葉クンだけに、そうは見えないかもしれないけれど。

『僕、何年か前までは本当に〝失敗する〟ことが怖くて、失敗したくないから焦って上手くいかないことが多かったんです。ほら、番組ですぐにパニクったり』

自分自身のことを振り返ってそう明かした相葉クン。

〝失敗することが怖くてパニクる〟

それは彼の繊細さゆえ。

しかし相葉クンはその臆病なまでの自分を乗り越えた。

『ひょっとして失敗も〝人生の一部〟なんじゃない？』

失敗を肯定することで、ネガティブをポジティブに、マイナスをプラスに変換出来たのだ。

## メンバーに贈る想い

『僕らで出した答え。
後悔しないように、真っ直ぐ前に進んでいこう。
僕は"休止"と書いて"パワーアップ"と読むと思っています。
応援してくれるみんなのために。
メンバー一人一人が愛している嵐のために。
近い将来、絶対にグループ活動しようね。
この５人でトップになろうぜ！』

嵐が5回目のメインパーソナリティを務めた、日本テレビ系『24時間テレビ42』（2019年）。

番組のフィナーレが近づいたところで、相葉クンはメンバーに向けた手紙をサプライズで読み上げた。

『一日一日を本気で生きてきたよね』

――と前置きし、相葉クンは手紙を読み上げた。

実は、嵐が初めて『24時間テレビ』のメインパーソナリティを務めた2004年にも、相葉クンはメンバーに宛てた手紙を読み上げている。

そのとき手紙の中で相葉クンはメンバーに向かって「トップになろう」と語りかけた。

『15年前と〝トップ〟の意味合いは違っていて、（今回の意味は）活動休止までの1年4ヶ月間、〝まだまだ前を向こう、止まりたくない〟の意味です』

相葉クンは、自分が書いた言葉の意図をそう説明してくれた。

5人は今日も前を向いて歩み続けている――。

## “成功すること”をまず考える

『目の前に高い山があったり深い崖があったりしたら、
誰だってそこで止まっちゃう。
でもそれは、越えられなかったり落ちちゃったりするのが、
怖いだけでしょ？
結果を恐れる前に、成功することを考えようよ』

相葉クンの〝ポジティブシンキング〟。

確かに目の前に乗り越えなければいけない山や、飛び越えなければならない崖といった〝困難〟が現れたとき、人はまず〝失敗〟を恐れてしまう。

「失敗するかも……」と恐れをなして、挑戦せずに後ずさりして戦うことをやめてしまうこともある。

まず挑戦してみないことには、戦いを挑んでみないことには、絶対に目の前の山や崖を越えることは出来ない。

『結果を恐れる前に、成功することを考えようよ』

〝失敗するかも〟と結果を恐れる前に、まずやるべきことは〝成功する〟ことをイメージすることが大事。

〝成功〟をイメージ出来たら、あとは勇気を出してチャレンジするだけだ。

## 気負いすぎないための“おまじない”

# 『自分の実力を全部出そうとするから固くなる。“半分でいいや”と思えば、8割は出せる』

気負いすぎて体が固くなるのが相葉クンの悪い癖。

ならば、ここまで開き直ったほうがいい。

相葉クンに限らず、緊張体質でいざというとき力が入りすぎて普段の実力が出せない人は、相葉クンのように「半分でいいや」と思ってみるといい。

そうすると不思議なことに半分どころか〝8割〟、いやそれ以上に〝全力〟が出せることがあるから。

『自分の実力を全部出そうとするから固くなる。〝半分でいいや〟と思えば、8割は出せる』

緊張して気負いそうになったときには、相葉クンのこの言葉を思い出してみるといい。

## “自分の無理度”がわかるメガネ

『無理をどこまで続けると自分がコケるか、
それを見渡せるメガネが欲しい。
あるいは“無理満タン”が表示されるメーターとかね』

2度の入院経験が心のキズ、そして痛みとして残る相葉クン。

2002年3月に〝肺気胸〟、2011年6月に〝左自然気胸〟で入院した際には、「このまま嵐を辞めなければいけないかもしれない……」とまで考えたほど。

無理を押してまで何事もガムシャラに頑張ってしまう相葉クンだけにその負担が体にかかり、知らず知らずのうちに病魔が体を蝕んでしまった。

『〝自分の無理度〟がわかるメガネが欲しい。〝無理満タン〟が表示されるメーターとかね』

冗談っぽくそう言う相葉クンだけど、本当にそんなメガネやメーターがあればどれほどいいだろう。

どこかで売ってないものかな……？

## 芸能の神様が教えてくれる

**『“何か上手くいかねえな～”って感じたときは、**
**実は芸能の神様が“そっちじゃないよ”って教えてくれてるんです。**
**僕はそう信じてますから』**

よくお笑い芸人が使う〝笑いの神様が降りてきた〟ではないが、『その真逆があってもいいんじゃないの?』——と笑う相葉クン。

神様が降りてこないときは、きっと神様が何かを教えてくれているに違いない。

それが相葉クンによれば、「そっちじゃないよ」——と教えてくれているらしい。

芸能の神様に限らず、たぶん「何か上手くいかねえな～」と感じたときには、「そっちじゃないよ。別の方法(別の道)を考えてみなさい」と神様が教えてくれているのだろう。

その言葉をよく聞いてみれば、正しい道も自ずと開けるはず。

## “自分らしく”が相葉雅紀流

『俺ってイメージ的に“不器用”に思われるけど、
それを売りにしたリアクションを取ったりはしないし、
「本当は超器用なんですよ～」とかのアピールもしたくないんですよね。
だって俺が器用か不器用かなんて、見てる人が決めればいいんだもん』

実際に視聴者にどう思われているかは『まったく気にしない』――と言う相葉クン。
タレントである以上、自分のイメージは見ている人がそれぞれ決めればいいだけ。
自分はイメージに捉われずに〝自分らしく〟あればいい。
それが相葉クンのタレントとしてのスタンス。
『だって俺が器用か不器用かなんて、見てる人が決めればいいんだもん』
いつまでも〝自分らしく〟を貫くのが、相葉雅紀流。

### 踏み切れない一線

『どこかに俺、踏み切れない一線があるんですよ。
何だろう？ やっぱりいくつになっても
“スーパーアイドル相葉くん”だからかな』

その場でどれほど盛り上がろうと、『ノリで自分の境界線は踏み越えない』――と話す相葉クン。

その根底にあるのは〝スーパーアイドル相葉くん〟としての立ち位置？

本人曰く――

『越えれば二皮は剥けるんじゃね？』

……らしいけど。

二皮剥けた相葉クンは、果たしてどんな相葉クンなのか？

ぜひ〝スーパーアイドル相葉くん〟の一線を思い切って踏み越えて欲しい気も……。

## 相手の弱点を把握しておく

『常にメンバーの弱点を把握しておく。
そうすれば突発性のミスをフォロー出来る。
特にステージでね』

実は嵐のライブを冷静に、後ろからコントロールしているのは相葉クン。

メンバーの弱点を把握しておけば、何かあったときにフォロー出来るし、ミスが起きそうな場面も事前に予測できる。

相手の弱点を知っておくことは、何も自分が有利に立つためではないのだ。

相手をフォローするため、相手のためにも必要な準備なのだ。

## “伝説のグループ嵐”の相葉雅紀になりたい

『“相葉雅紀”っていう個人の名前よりも、
“嵐”の名前で伝説になりたい。
自分の名前は、その伝説のグループの１人として残ればいい。
ビートルズのリンゴさんみたいに』

〝相葉雅紀〟個人としてよりも、〝嵐〟というグループで伝説になりたいと願う相葉クン。

何よりも嵐が大好きな相葉クンらしい〝嵐愛〟に溢れた言葉。

ビートルズのリンゴ・スターのように、〝嵐の相葉雅紀〟も伝説のグループの1人として名前を残すことが出来るだろうか。

すでに現代においては、アジア圏の10代、20代にはビートルズよりも影響力があるかもしれない嵐。

ならば嵐も、そして嵐の相葉雅紀も、〝伝説〟になる日は近い——。

ARASHI名言集
嵐ノコトバ
Very best Phrase of ARASHI

ARASHI

# 二宮和也ノコトバ

Very best Phrase of Kazunari Ninomiya

## 人間は後悔してナンボ

『後悔なんて、俺は“してナンボ”だと思うんですよ。
だって自分の選んだ道で失敗して、後悔して、
そうして人間は学習するんだから。
自分が痛い思いをして学んだことのほうが、
本で読んだ知識の何百倍も“ためになる”んだもん』

後悔なんてしないに越したことはないが、後悔するにしても〝胸を張り、正々堂々と〟――が、二宮クンのポリシー。

『よくさ、後悔をしたくないから無難な選択をする人っているじゃないですか？　でも後悔なんて、俺は〝してナンボ〟だと思うんですよ』

後悔が先に立つことはないが、しかし最初から〝後悔したって構わない〟の気持ちがあれば、その分、思い切って臨むことが出来る。

『それでもどうしても〝後悔するのが嫌〟って人は、最初から〝後悔〟っていう感情を封印するしかないね。何が起ころうと、どんだけ間違えようと、転ぼうと。「私の人生に後悔の2文字はない！」って生きればいいんだよ。そんな人生、楽しいとは思えないけどさ』

〝後悔はしてナンボ。後悔して人間は学習する〟

確かに二宮クンの言うように、人は後悔から学ぶことで成長するのだ。

## “新たな人生の扉を開く”ヒント

**『みんなも自分の胸の奥にしまってある気持ち、**
**一度表に出して太陽の光に当ててみない？**
**大人になったからこそ感じること、自分を励ましたいこと、**
**改めて向き合ってみれば、きっと新しい発見があるよ』**

胸の奥にしまってある気持ち——それは幼い頃の夢であったり、〝こんな大人になりたい！〟という憧れであったり。

『俺は本当、プロ野球選手になりたかった。でも今の自分の体格を考えれば、どう考えたってプロに入れるような一流の選手は難しかったと思う。だけどこうして笑っていられるのは、お陰さまでみんなに応援してもらえて、曲がりなりにも〝もう一つの夢〟が叶って今の場所にいられるから』

子どもの頃の夢についてそう話す二宮クン。

『すっごく昔、両親や大人に反対されて諦めたり、こっそりと想い続けてはいるんだけど〝叶うはずがない〟って思ってる夢、きっと誰にでもあるよね。みんなも自分の胸の奥にしまってある気持ち、一度表に出して太陽の光に当ててみない？』

アナタも自分の胸の奥にしまってある〝忘れかけた夢〟を、一度表に出して太陽の光に当ててみてはいかがだろう？

改めて向き合ってみることで〝新しい発見〟があるかもしれない。

今、恥ずかしがらずに表に出すことで、新たな人生の扉が開かれるかも——。

## 本当の“主役”とは？

『映画はスタッフさん含め、現場にいる全員が“主役”なんだってこと。
実は最近、“力がある脇役が本当の主役なんじゃないかな”
……って思っていたこともあって、それにも通じるものだった』

2015年12月に公開された、映画『母と暮せば』。監督は巨匠、山田洋次。主役は吉永小百合。

比較的ラフなスタイルで撮影に臨む二宮クンと、厳格な撮影スタイルの山田監督が〝合うのか？〟という心配は、結果的には杞憂に終わり、山田監督はもちろん、吉永さんからの信頼をもガッチリと得ることが出来た。

そして二宮クンはさらに、自らの中に燻っていた〝ある想い〟を確かめられたという。

『今回、山田組で感じたのは、映画はスタッフさん含め、現場にいる全員が〝主役〟なんだってこと。実は最近、〝力がある脇役が本当の主役なんじゃないかな〟……って思っていたこともあって、それにも通じるものだった』

二宮クンが「力がある脇役が本当の主役なんじゃないかな」──と思っていたのは、SMAP・稲垣吾郎、Kis-My-Ft2・北山宏光のドラマを見てからのことらしい。

『良い脇役がいなければ、決して素晴らしい作品にならない』

脇役が光れば、主役もより輝く──それは決して映画だけの話ではないだろう。

## プロとしての“プライド”

**『「何も出ませんでした」とは絶対に言えないし、言いたくもない。**
**そんなときは「まだ僕の限界じゃない。まだ僕の限界じゃない」**
**――と唱えながら、浮かぶまで粘るしかないでしょ』**

日本テレビ系『ニノさん』で放送する企画について、こんなことを語る二宮クン。

時には自らも会議に参加することもあるというが、自宅に持ち帰ってまで面白い企画を考えるのはなぜなのか。

そこにあるのは己の〝冠番組〟に対するプライド。

『『ニノさん』の企画をディレクターさんから相談されて、なかなか良いアイデアが出てこない時、宿題として持ち帰ることがあるんです。よく「(俺、何でこんなに苦労してるんだろう。作家さんでもないのに……)」って自問自答してますよ。でも、だからといって「何も出ませんでした」とは絶対に言えないし、言いたくもない。そんなときは「まだ僕の限界じゃない。まだ僕の限界じゃない」――と唱えながら、浮かぶまで粘るしかないでしょ。いやマジ、ドラえもんのポケットが欲しいぐらい』

番組の企画出しをすることを義務付けられているわけではない。たとえそうだとしても、自ら悩み、考え抜いてアイデアを搾り出す。

それが冠番組に対する、二宮クンの〝プライド〟。

そしてそれは、彼の〝高いプロ意識〟でもある。

## 二宮流・役者としての"勝ち方"

『どんな批評をされても、
良い批評が悪い批評を一つでも上回れば、
"成功"なんじゃないかな……と』

2016年公開の『暗殺教室―卒業編―』にクランクイン直前、二宮クンは周囲のスタッフにこう話したそうだ。

『たとえば相撲だって、8勝7敗は〝勝ち越し〟って言うじゃないですか? 勝ちが1つでも上回れば、番付は下がりませんから』

2015年は『暗殺教室』で〝殺せんせー〟役の声優を務めた二宮クンは、『暗殺教室―卒業編―』では一転、凄腕の殺し屋〝死神〟役でも出演。

『自分でも、今回の役がどう転ぶかは予測がつきません。当たるか外すかは、本当に公開されてからじゃないとわからない』

そんな一見〝弱気〟も見せていた二宮クンだったが、結果は見事に〝圧勝〟。

どんな作品でも見る人によって評価は様々。良い評価もあれば、悪い評価もあって当然。すべてが良い評価であることなどめったにない。

だとすれば二宮クンの言うように「良い批評が悪い批評を一つでも上回れば成功」だろう。

トータルでは、立派な〝勝ち越し〟なのだから。

## “ドケチ伝説”の真相

**『お金って必要なときに必要なだけ使うもので、**
**必要がないときに意味なく使うものじゃないよね』**

これまで散々囁かれてきた二宮クンの〝ドケチ伝説〟。

本人とすればあまり嬉しくないだろう、その伝説に終止符を打ったのがこのセリフ。

『もともと、俺の〝ドケチ伝説〟って、リアルにメシ食いに行くときに財布忘れただけで、それが勝手に一人歩きしてるだけだもん。確かに大きな買い物はしないし、人づき合いも良くないから、お金は使わないよ。でも、お金って必要なときに必要なだけ使うもので、必要がないときに意味なく使うものじゃないよね。逆にこの感覚をなくしている芸能人とか、〝将来大丈夫?〟って思っちゃう。余計なことだけどさ（笑）』

二宮クンのこのセリフに、正面から反論出来る者はいるのだろうか?

『お金って必要なときに必要なだけ使うもので、必要がないときに意味なく使うものじゃないよね』

確かに、その通り。

必要がないときに意味なく使うお金は、単なる〝無駄遣い〟。

二宮クンのこの言葉、肝に銘じます。

## “結果”が大事か“プロセス”が大事か

『肝心なのは“壁を乗り越えること”で、正面突破だろうと迂回だろうと、
結果を出すことが最も大切主義。
ところがこの業界の人って、正面突破を選ばないと“逃げた”“諦めるな”
——って、プロセスについて結構うるさい人が多い』

二宮クンが辟易としていることの一つに、結果を出すことよりも〝経過を重要視する〟現場が多いことがあるという。

『自分がソロで芝居なりバラエティーなりをやっていく中で、どうしても壁にぶつかることがあるじゃないですか。もちろん、そんなに絶望するほど高い壁じゃないんですけど、真っ直ぐ正面から突き破るべきか、あるいは遠回りして迂回するべきか、乗り越え方のアプローチはいろいろありますよね』

確かに壁に突き当たったときの乗り越え方には様々なアプローチの仕方がある。

大事なのは〝乗り越える〟ことで、〝どうやって乗り越えたか〟ではないはず。

結果が大事なのか、プロセスが大事なのか——考えてみれば自ずと答えは出るだろう。

## 真っ当な人間関係を作るには

**『実はすっごく単純な理由。
それは人にオゴることで出来ちゃう、
“オゴリをベースにした人間関係”を作りたくなかったから』**

決して明かされることがなかった二宮クンの秘密。

それが、二宮クンが〝ケチな理由〟。

『よし！ ここらでそろそろ、自分が〝ケチ〟な理由を明らかにしておこうかな。ぶっちゃけ自分なりにはずっと正当な理由があったのに、あまりにも〝ケチ〟の部分しかフィーチャーされなかったから』

〝アイドル界のドケチ王〟と言われた二宮クンが明かした理由とは――。

『何で俺がケチというか、後輩たちにオゴらない、財布の中身は1万円以下……みたいに決めているかは、実はすっごく単純な理由。それは人にオゴることで出来ちゃう、〝オゴリをベースにした人間関係〟を作りたくなかったから。「私にオゴってくれなければ、あなたとは友だちづき合いが出来ません。だからオゴってください、オゴってくれますよね？」――って、言われたくないし言わせたくもない。それにそんな人間関係、やっぱりマトモじゃないもん。それにお金で出来た人間関係ほど脆い関係はないしね』

確かに、お金で出来た人間関係ほど脆いものはない。

お金が絡んだ人間関係は、ちょっとしたことで崩れやすい。

だとすれば真っ当な人間関係を作るには〝ケチ〟なほうがいいのかも。

## 自分の才能に溺れるな

『才能や能力、実力なんてものは、
ゼロから自分で作るものじゃないかな。
少なくとも俺は“神から与えられた天性の才能”的な考えはしたくないし、
それに溺れるヤツは結局自滅しちゃうんだよね』

2016年3月に開催された第39回日本アカデミー賞授賞式で、『母と暮せば』での演技が評価された二宮クンは、最優秀主演男優賞を受賞。

日本アカデミー賞の最優秀主演男優賞を受賞してから、二宮クンの中には大きな変化と自覚が芽生えたという。

それが顕著に現れているのが、後進、後輩の役者たちに対しての考え方。

『これから賞の候補になるであろう若手の後輩たちには、自分の中にブレないスタイルを持って突き進んで欲しい。才能や能力、実力なんてものは、ゼロから自分で作るものじゃないかな。少なくとも俺は〝神から与えられた天性の才能〟的な考えはしたくないし、それに溺れるヤツは結局自滅しちゃうんだよね』

これは何も〝演技〟に限った話ではない。

たとえどんなに優れた才能や能力があろうとも、その才能や能力を過信して努力を惜しむ人間は決して成功することはない。

自分の力でゼロから作り上げる努力、それが必要だ。

自分の才能に溺れる人間は、最終的には自滅していくことになるのだ。

## 嵐メンバー間の信頼関係と絆の"秘訣"

**『会った瞬間、いつもの5人に戻れる。
どんだけ会ってなくてもそうなれるのは、
嫌と言うほどコミュニケーションを取ってきたから。
何が大切か、わかるよね？』**

どんなグループにも必ず不仲説や解散説が一度や二度は飛び出すが、自信満々に「ウチには無関係」と笑い飛ばす二宮クン。

『これまでブレイクしてるアイドルグループのほとんどは、最初はグループでスタートして、次に顔が売れ始めて軌道に乗ったらソロ活動にシフトするじゃん。そうしたらまず、バランスが崩れる。ザックリ言うと、売れてるメンバーと売れてないメンバーに分かれちゃう。結局、不仲も解散も〝売れる、売れない〟から始まるんだよね。ウチは幸いなことに、一人一人がちゃんと自分の道を全うしてるから、誰が売れてるとか売れてないとか、気にしたことがない』

さらに大事なのがメンバー間のコミュニケーション。

『嵐でのレギュラー番組も長いこと2本やらせてもらっていて、週1とは言わないけどちゃんと定期的に会っているじゃない？　だから会った瞬間、いつもの5人に戻れる。どんだけ会ってなくてもそうなれるのは、嫌と言うほどコミュニケーションを取ってきたから』

忙しくなればなるほど、メンバー同士の信頼関係や絆がモノを言う。

その下地を作ってくれるのは、嫌と言うほど積み重ねてきたコミュニケーションに尽きるのだ。

## “平等”と“不平等”の本質

『いくら頑張ってもまったく結果が出ない、
報われないことのほうが多いけど、
俺はそこで「この程度の頑張りじゃ足りなかったんだな。
よし、もっと頑張ろう」——と思える人だけが、
最終的に芸能界で勝負を賭けられると思いたいんだよ』

芸能界ほど不平等な世界はない。一握りのトップスターと、大多数の〝その他大勢〟。億単位の収入を稼ぐ者と、40才を過ぎても親の仕送りを待つ者。

彼らの差は、果たして何なのだろうか。

そして二宮クンが考える〝平等〟の本質とは？

『俺は〝平等〟って言葉があまり好きじゃなくて、むしろ芸能界やテレビ界には余計な平等は必要ないと思うぐらい。それはなぜかっていうと、俺たちが今いる世界は頑張れば頑張れるほど結果を出す、報われる世界であって欲しいから。でも〝平等〟って言葉や考え方は、時にその気持ちを削ぐことがある』

基本的に〝平等〟を求める人は、現状が〝不平等〟だと嘆く人だ。その嘆きが自分の中で力となり、恵まれない現状を打破した人はいくらでもいる。

つまり二宮くんが本当に言いたいのは「平等を求める気持ちをバイタリティにしようよ」——ということ。

〝平等〟を嘆くよりも、その気持ちをバイタリティにして何かを成し遂げるほうが断然いい。

多少の不平等に晒されていたほうが、実は〝自分を変える〟〝成長させる〟きっかけになることも多いのだから。

## 仕事で結果を出したいなら

『どうしても結果を出さなきゃいけない仕事があったら、
その仕事だけの楽しみを見つけると結果が出るもの。
楽しみが見つからなかったら、
その現場の帰り道に美味しい定食屋を見つけてみるとか』

難しい仕事であればあるほど何か一つでも楽しみを見つければ、その現場に通うことが楽しくなる。

それが二宮流〝発想の転換〟。

困難な仕事だからといって、嫌々やっていては良い結果など出るはずはない。

だとしたら、何でもいいから一つだけでも、その仕事に対する〝楽しみ〟を見つければ、仕事に取り組む姿勢も変わって前向きになれる。

二宮クンが言うように、その仕事が終わった後の楽しみでもいい。

何か一つ楽しみを見つけてみよう。

## “こだわり”と“未練”の違い

**『一つの事にこだわることは大切だけど、**
**こだわりが“未練”になったら捨てたほうがいい。**
**未練になった時点で、こだわりが“執着”に変わるから』**

二宮クンの仕事に対するスタンス。

〝こだわり〟が〝未練〟に変わると〝執着〟が生まれて、それが良くない結果に繋がるのだという。

これは仕事に対するスタンスだけではなく、恋愛にも使えそうな教訓。

〝未練〟とはいつまでも後ろを向いていること。

〝執着〟を捨てて前を向けば〝新しい何か〟が見つかるはず。

## 休むことを忘れられる仕事が“天職”

**『“休みたい”と思った仕事は天職じゃないんだよ。いつ休んだか忘れた、何なら休むことを忘れられる仕事こそ、本当の天職になり得る』**


「疲れた」「休みたい」――仕事をしていてそう思うことは誰しもあるだろう。

それでも仕事をしていて、「いつ休んだか忘れた」「休むことを忘れてた」ぐらいに没頭出来る、そんな仕事に巡り会えた人は幸せだ。

おそらくそれは〝天職〟。

なかなか仕事に恵まれないと悩む人にも、いつか天職と巡り会える日が来るに違いない。

そのためにも頭の片隅に置いておきたい二宮クンの名言。

## 瞬時に「イエス」と言える人

『返事の良いヤツって、なぜか圧倒的に理解力が欠けている。
でもだいたいが自分を“要領がいい”と思い込んでる。
俺は個人的に瞬時に“イエス”と言えるヤツを疑ってしまうんだよな～』

返事は早いが要領がいいだけで仕事の内容を深く理解していない人間は、結果的にミスも多く、〝いい仕事〟をしてくれないケースが多い。

〝要領がいい〟＝〝仕事が早い〟……かもしれないが、それが〝結果〟に結びつくとは限らない。

仕事に限らず、要領がいい人は信頼されないことも多いものだ。

二宮クンが相手にまず求めるのが理解力と思慮深さ。

実は、それはそのまま二宮クンの特徴でもある。

## リハーサルから全力を出す

**『リハーサルから全力でやらなきゃいけないのは、
限界にぶつかる瞬間を学ぶため。
リハーサルだからって全力を出さないでいると、
本番が始まるとすぐに壁にぶつかるヤツばかりだよ』**

実はこのセリフ、若き日の二宮クンが松本クンに指摘されたこと。

その言葉と考え方を、二宮クンはそのまま自分の矜持にしているという。

『リハーサルだからって全力を出さないでいると、本番が始まるとすぐに壁にぶつかるヤツばかりだよ』

本番じゃないリハーサルだからと手を抜く者は、本番でも力を出せない。

リハーサルでも手を抜かずに全力で臨むこと。

それが自分を成長させ、自分の力を最大限に発揮させることに繋がる。

## 偉い人を利用出来る人

『自分より偉い人を上手く利用出来るヤツは、
みるみるうちに自分も偉くなっていく』

二宮クンが分析する〝人間関係における真理〟。

確かに、周りの人間を上手く動かせる者は誰からも一目置かれる人物。

特にそれが〝自分より偉い人〟に対してならば尚更だ。

『俺はそうやって可愛がられて出世したスタッフさん、全然嫌いじゃないし、むしろ好きなタイプ。あっ、仕事をくれるようになってから（爆）』

そう言って笑う二宮クン。

『〝まるで自分の姿を鏡に映した？〟——と思ってしまったほど』

——だと自分でも認める〝人たらし〟の二宮クン。

〝偉い人を利用出来る〟というのはつまり〝気に入られる〟こと。

それもまた立派な才能だ。

## 本物の才能を目覚めさせるために

# 『自分の才能を疑うことから工夫が始まって、苦労と苦悩を乗り越えたところに本当の才能が眠ってる。後はその才能を起こせば、自分にしか撮れない画《え》が待ってるはず』

「将来はメガホンを握りたい！」と、監督として映画を撮りたい夢がある二宮クン。

苦労と苦悩を乗り越えなければ、いくら素晴らしい才能だろうと〝本物〟にはなれない。

そして〝本物の才能〟が目覚めたとき、自分にしか撮れない作品が生まれるのだ。

『苦労と苦悩を乗り越えたところに本当の才能が眠ってる』

誰もが自分の中に何かしらの才能を持っている。

眠っている才能を目覚めさせる努力を惜しむ人間は、一生自らの才能に気づかずに終わってしまう。

苦労と苦悩を乗り越えた者にだけ、本物の才能は姿を現すのだから。

## 果たすべき責任

『俺が今回学んだのは、
たとえどれほど不本意で仕方がなかったとしても、
最終的に受け入れた瞬間に生まれるのは「責任なんだな」
——ってことでしたね』

活動休止に当たって二宮クンが感じたのは、自分たちが果たさなければならない〝責任〟だったという。

この10年以上、自分たちのレギュラー番組が跡形もなく消え去るように終了したことはなく、どんな形であれ後継番組にもメンバーが関係してきた嵐。

現在のレギュラー番組は〝終わるために続けなければならない〟環境に置かれるが、5人はすでにそこに生ずる〝責任〟と向き合っている。

『活動休止までのコンサートツアー、嵐としてのレギュラー番組、二宮和也個人としてのレギュラー番組。俺自身の番組がどうなるかはともかく、実際、2020年12月31日には〝終わってなきゃいけない〟仕事がたくさん残ってて、その仕事のケツをキッチリと拭く責任のために、俺たちは日々前に進んでいかなくちゃいけないんですよ』

自分たちに課せられた責任を果たすため、彼らはその歩みを止めることなく、日々前に進んでいく——。

## 活動休止で生まれた"絆"

『"昨日より明日、明日より明後日"——
活動休止するからこそ、目に見える成長を貪欲に追い求めたい。
そんな"絆"が生まれるとは、まったく想像してませんでしたね』

二宮クンの誕生日の夜、突然、大野クンの口から飛び出した〝脱退宣言〟。

大野クンから「嵐を辞めたい」と打ち明けられたとき、二宮クンはどう思ったのだろう。

『でも不思議なことに「じゃあ嵐どうすんの?」の話し合いの中で、怒るどころかリーダーにめちゃめちゃ感謝するようになっていったんです』

それはなぜ?

『だって休止するお陰で、俺らみんなが「これからは毎日、昨日の自分たちに勝ち続けていこうぜ」——って、共通の想いを感じるようになったから』

〝休止するからこそ日々成長したい〟という共通の想いを感じた5人。

そんな風に想えるのも、5人の絆が深く、そして固く結ばれているから。

## 二宮流“夢を掴まえる方法”

『夢なんてさ、別に一直線に向かわなくてもいいじゃん。
あっち向いたりこっち向いたり、つまずいたり転んだり、
たまには他の夢に浮気したりして。
そうやって苦労して辿り着くからこそ価値がある』

〝夢〟についてそう話す二宮クン。

つまづいたっていい、転んだっていい、時には他の夢を見てもいい、そんな簡単に夢を掴むことなんて出来はしないのだから。

『俺はリアルにそう思ってるよ。だから途中で挫折したり、諦めたってOK。どう？　そう考えたら、めちゃめちゃ気が軽くなると思わない!?』

それが二宮流。

アナタも自分の夢を諦めそうになったときには、二宮クンのこの言葉を思い出してみるといい。

## 臨機応変可能な“ノープラン”

**『俺は最初っから上手くいくプランを立てないんですよ。人はそれを“ノープラン”と呼びますけどね』**

「二宮和也はいつもノープランの役作りをする」などと言われるが、それはプランがないのではなく、自分の中で〝これだ！〟という確定的なプランを立てずに、その場に応じて臨機応変に対応しているからなのだという。

『だってどんなときでも上手くいく演技プランとか、ある意味図々しいじゃん』――と言う二宮クン。

演技に限らず何事もガッチガチにプランを立ててしまうと、そのプラン通りに進まなかったときになかなか修正が出来ずに上手く運ばないもの。

だとすれば、かっちりとプランを立てずに、ある程度フリーなプランを立てておいたほうがいい。

臨機応変に対応出来る柔軟なプラン。

それが一番〝上手くいくプラン〟なのかも。

## 二宮クンの“嵐愛”

『俺の中でのジャニーズは“嵐か、嵐以外か”の２択だもん』

活動休止決定の後、記者会見で発表するまでの期間、〝活動休止〟を事前に誰に知らせるかはメンバーそれぞれに任されたという。

『家族や最も信頼出来る友人には話してもいいのではないか』

〝信頼出来る友人〟を誰にするかは、メンバーそれぞれの自己判断。

二宮クンは〝家族以外には話さなかった〟のだそう。

つまり家族以外の〝信頼出来る友人〟には誰も話さなかったということ。

〝なぜ誰にも話さなかったのか?〟を聞かれた二宮クンは〝それが当然〟だとばかりにこう答えた――。

『親友も友だちもジャニーズにはいないからね。俺の中でのジャニーズは〝嵐か、嵐以外か〟の2択だもん』

二宮クンにとって本当に信頼出来る〝真の友〟は嵐のメンバーだけ。

まさにヒシヒシと二宮クンの〝嵐愛〟が伝わってくるセリフだ。

## 繊細と大胆が同居する男

**『いちいちこだわるというか、**
**どうなってるのかを“詳しく知らなきゃ気が済まない”性格だからこそ、**
**大胆にいける部分は大胆になりたい』**

二宮クンが自分の性格について語った〝自己分析〟。

こだわりのある演技も〝どうなってるのかを詳しく知らなきゃ気が済まない〟性格だからこそ。

時に繊細に、時に大胆に見せる演技。

〝繊細〟と〝大胆〟が同居する男、それが二宮和也。

だからこそ、人間の細部を描く芝居に絶妙のキレを見せるのだ。

## 便利に頼りすぎる弊害

**『便利に頼りすぎる人って、
自分から動いて0から物事を立ち上げることが苦手。
パソコンかスマホがないと何も出来ない』**

今の時代、パソコンやスマホがないと生活できない。

いや、正確に言うと、生活はできるかもしれないが、不便で仕方ない。

そうした世の中に人々は慣れ切ってしまった。

そんな現代の人たちに二宮クンは警鐘を鳴らす。

『便利に頼りすぎる人って、自分から動いて0から物事を立ち上げることが苦手』

〝便利に頼りすぎる人＝自分だけの力で何とかしようとしない人〟

要は〝何でも人に頼る〟人は、自分自身の力で新しいものを生み出す姿勢に欠けているということ。

便利すぎると自分で動くことをしない。

不便なところから発想や創造は生まれるのかもしれない。

## 人の成功を喜べるかどうか

**『素直にさ、人の成功を喜べる人間になろうよ。
必ず嫌味や忠告をひと言付け加える人って、
実はまったく余裕がないのがバレバレだよ』**

人はどうしても自分と他人とを比べたがるもの。

知り合いの誰かが成功したと聞けば羨ましく思うし、自分が成功していないことを嘆く。

その結果、嫉妬心から成功した人の陰口を叩いたり、嫌味を言ったり。

二宮クンの観察眼によると、そういう人たちは「まったく余裕がないのがバレバレ」。

言われてみれば確かに、心に余裕があれば、他人の成功を喜んであげることができるはず。

自分はどうだろう？

振り返ってみて、人の成功を素直に喜べる人間だろうか。

もし違うのだとしたら、それは余裕がない証拠。

## 勝つまでやめない

# 『ゲームで学んだ一番のこと？
# 勝つまでやめなきゃ実質大勝利』

勝つまでやめなければ絶対に〝負ける〟ことはない。

1回ごとのゲームでは負けても、勝つまでやめなければ最終的にはそのゲームを攻略したことになるのだから、二宮クンが言う通り〝実質大勝利〟だ。

言い換えれば「しつこさこそが勝利の要因」かも。

問題は〝勝つまでやめない〟でやり続けることができるかどうか。

たいていの人は途中で諦めてやめてしまう。

それでは攻略出来ずに〝負け〟で終わることになる。

『勝つまでやめなきゃ実質大勝利』

何度負けても、勝つまでやめなければ最後は〝勝ち〟。

ゲームに限らず何事も、諦めないことが大事。

## 自分を見つめ直す時間

**『夜、ベッドに入ってから明日のことを考えたとき、**
**“晴れるかな？ それとも雨が降るかな？”**
**……ぐらいしか心配がないときは、**
**公私共に上手くいってる証拠』**

心配事が天気ぐらいしか思いつかないのは、確かに物事が上手く転がっている証拠だろう。

最も無防備で、最も素直になれるその時間を、二宮クンは一日の中でも特に大切にしている。

『ベッドに入って眠りに落ちるまでの間って、一日の中で自分を見つめ直す時間になるから』

今日ベッドに入って眠りに落ちるまでの間、何を思うだろうか。

それがもし〝明日の天気〟だったなら、今の自分は充実している証。

## 目的や目標はその先に進むための道しるべ

『目的や目標は叶えるためにあるのではなく、
その方向に進むための道しるべ』

達成するための目的や目標は、そこに到達すると燃え尽きてしまうことが多い。

しかしあくまでも道しるべ、通過するための目的や目標は、そこに差しかかった瞬間、見えてくるのは〝次の目的や目標〟。

この違いに気づけない者は「伸びない」と言う二宮クン。

目的や目標は〝成長するための一つの段階〟にすぎないのだ。

## 嵐ネクストステージに待っている"希望"

『ワクワクしながら、楽しみに待っていて欲しいんだよね。
次のステージの上は、
ビッシリと"希望の芽"で埋め尽くされているから』

二宮クンが活動休止に際して語った〝嵐ネクストステージ〟への期待。

『みんな活動休止を深刻に捉えすぎずにさ、ちょっと反対側から物事を見てもいいんじゃないかな。つまり今回の俺たち5人の決断は、俺らとファンのみんなが〝次のステージに進む〟ためにどうしても必要な試練で、「それは避けようとしても避けられないものなんだ」――という話にすぎないのだと。これまで俺たち5人とファンのみんなは20年かけて一つのステージを描いてきたわけで、さすがにそれだけの年月が経過すればいろんなところにガタが来るし、ひとまず幕を閉めて「修理しましょう」っていうのが今回の活動休止……みたいに』

二宮クンが言うように、今回の活動休止は〝次のステージに進むため〟に必要な試練なのだ。

再び5人揃って〝嵐第二幕〟が上がるときにはワクワクするほど希望に満ち溢れた嵐でいるに違いないのだから。

ARASHI名言集

# 嵐ノコトバ

Very best Phrase of ARASHI

ARASHI

# 松本潤ノコトバ

Very best Phrase of Jun Matsumoto

## 誰よりも負けないために

『世間的には嵐は順風満帆に見えなきゃいけないし、
そうじゃないと夢を与えられない。
でもそのために、僕らは道に迷いながら頑張ってきた。
誰よりも迷って、誰よりも努力をしてきた。
誰にも負けないために』

嵐の5人について、自らこう語った松本クン。

ファンや視聴者からは見えない舞台裏で、誰よりも悩み、努力しているのは彼ら5人。

松本クンにはその〝自負〟がある。

『だから絶対、自分たちが負けるわけがない』という自信がある。

彼ら5人は誰にも負けないために、誰よりも道に迷いながらも、誰よりも努力をして、ここまで辿り着いたのだ。

## “自信度100%”のステージを見せる

『少なくとも僕らは“自信度100%”のモノを提供することが、
“最低限の使命”だと思って、エンタテインメントの世界で生きているってこと。
僕らが100%じゃない限り、お客さんも100%にはならない。
それだけは間違いがないと覚悟しています』

5年ほど前からアーティストの間で広まりつつある〝アンコール不要論〟。

コンサートは本来、決められたセットリスト（※曲順）本編のみで行われるもので、最初から客側がアンコールを想定して来場するのはおかしい。そもそもアンコールをするかどうかは、アーティストとファンの盛り上がりで決めるもの。するもしないもアーティスト次第──というのが、不要論者の言い分。

そんな不要論に対して松本クンは、『アンコールが盛り上がりから発生したのか、物足りないから発生したのか、その辺りにも関わるんじゃないですか？』──と、さすがに演出家の観点からの意見。

さらにもう少しツッコんで、自分たちがコンサートに懸ける信念を表したのが、この言葉。

『僕らは〝自信度１００％〟のモノを提供することが〝最低限の使命〟だと思って、エンタテインメントの世界で生きている』

〝アンコールが不要かどうか〟など問題ではない。

〝自信度１００％〟のステージを見せること。

それが嵐のエンタテインメントなのだ。

## 今やれることは今やれ

『“明日やればいいや”って思う人は、
1週間後も1ヶ月後も1年後もやってない。
だから今やれることは今やれ』

松本クンの交友関係の中で、重要な人物が〝怪優〟古田新太との交友。

松本クンはじめ、生田斗真、小栗旬……といった錚々たる若手実力派俳優たちが集う〝古田派〟。

三軒茶屋を根城に飲み会を開き、一度飲み始めると徹底的に朝まで飲むコースだとか。

そんな古田派の中心人物、古田新太が発した言葉で松本クンが〝心にすごく染みた〟という名言がこちら。

『〝明日やればいいや〟って思う人は、1週間後も1ヶ月後も1年後もやってない。だから今やれることは今やれ』

確かに〝明日やればいいや〟と思うと、結局いつまで経ってもやらないことが多い。

とはいえ、この言葉、古田派の飲み会についての発言。

つまり……「今飲めるなら〝明日も飲めるからいいや〟と思わずに徹底的に今飲め！」という意味。

それはちょっと違うような気も……？

## どこに向かってセリフを届けるか

**『芝居は“どこに向かってセリフを届けるか”が一番大切なのに、**

**届ける先が見えてなかった。**

**見てなかった』**

松本クンの代表作にもなった『99．9－刑事専門弁護士－』にクランクインする直前、信頼するスタッフに語った松本クンの意外な〝弱気〟。

初めての弁護士役であることはもちろん、ドラマの設定自体が、これまでの連ドラにはなかった〝刑事事件専門の弁護士たちが難事件に挑む〟ストーリー、その上おやじギャグ好きの変わり者の弁護士〝深山大翔〟という難役を演じることに、さすがの松本クンも不安を隠せなかった。

『芝居は〝どこに向かってセリフを届けるか〟が一番大切なのに、届ける先が見えてなかった。見てなかった』

しかしこの言葉には、芝居に真摯に取り組もうとする、松本クンの固い意志もあった。

そして見事にプレッシャーを跳ね除け、高視聴率をマークした『99．9－刑事専門弁護士－』は、その後〝SEASONⅡ〟も作られた。

〝どこに向かってセリフを届けるか〟が見えた松本クンが発したセリフは、間違いなく視聴者の心に刺さったのだ。

## 一番早く決めたヤツの勝ち

『何でもいいんだよ。一番早く決めたヤツの勝ちだから。
その程度の決断に迷うヤツが人生で成功するわけがない！』

いつものように古田新太、生田斗真らと飲み会を開いていた松本クン。

するとそこで、古田から、ある〝お題〟が……。

『自分が歩いている道の真ん中に、自分の体ぐらいの岩があるとする。その岩を動かさないと通れないルールがあったとき、何とか動かそうと必死で頑張る者もいれば、最初から〝動かない〟と決めつけて、次に通りかかる誰かに協力してもらおうとする者もいる。そしてルールがあるのに、上を乗り越え、ズルをして通り過ぎる者もいる。その3人の中で最も人生で成功するヤツは誰だ？』

生田クンと〝あーだこーだ〟真剣に答えを捻り出していた松本クン。

するとそんな2人に向かって古田がひと言。

『はい、ダメ。お前らは何選んでもダメ』

その理由が『何でもいいんだよ。一番早く決めたヤツの勝ちだから。その程度の決断に迷うヤツが人生で成功するわけがない！』――だった。

ちなみに松本クン自身が選んだ答えは「何とか動かそうと必死で頑張る」。

『だってまず、自分で何とかするぐらいの意識がなかったら、他の人の力を借りても中途半端な結果しか残せませんからね』

――それが松本クンの生き方。

## 人としての魅力

**『俺が考える"人としての魅力"は、その人がどれだけ必死に生きているか、**
**何を成し遂げようと生きているか——。**
**なりふり構わず頑張る人、俺はそんな人に惹かれる』**

相手の年令や立場なんて関係ない。

人と人が出会い、そこで化学反応が起こるからこそ面白い——そう話す松本クン。

『〝人としての魅力は一体何だろう?〟って、たまに考えることがあるんですよ。頭が良い、顔が良い、スタイルが良い、良い仕事に就いている、社会的なステイタスが高い、昔からの名門の家に生まれた……いろいろと考えても、それって全部が単なる肩書き。その人にしかない魅力でもない。結局、俺が考える〝人としての魅力〟は、その人がどれだけ必死に生きているか、何を成し遂げようと生きているか——なりふり構わず頑張る人、俺はそんな人に惹かれる』

〝人としての魅力〟について、そう語った松本クン。

『必死とか頑張るとか、そんなのダサいとか思ってるヤツ、〝違うよ、ダサいのはお前だよ!〟ってね(笑)』

そうなのだ。その人の魅力とは、肩書きなどで決まるものでは決してない。

〝その人がどれだけ必死に生きているか、何を成し遂げようと生きているか〟——それが一番の魅力なのだ。

## 一番美しいセリフ

『あらゆる世代、あらゆる人種、あらゆるシチュエーションでも、
気持ちが伝わるセリフ、耳に残って離れないセリフこそ、一番美しいと思う。
たとえば単純だけど、それは「ありがとう」——とか』

言葉は意思の疎通に欠かせない、最もシンプルなコミュニケーションだ。

しかしシンプルだからこそ、組み合わせによって奥行きの深さと意味を作っていける。

役者として数々の言葉を操った松本クンが辿り着いた〝究極のフレーズ〟。

それは〝誰にでも気持ちが伝わって心に残る〟フレーズ。

「ありがとう」

シンプルだけど、確かに気持ちが伝わって、誰の心にも残る言葉。

心を込めて伝える「ありがとう」——。

それは松本クンが言うように、この世で一番美しい言葉なのかもしれない。

## 何度でもトライするスピリット

『不可能は可能に向かう手前の通過点なんだよ。

何度トライしようが、最終的にそこに辿り着いたらいいんだよ』

何でも完璧にやり遂げる男――それが〝MJ〟。

数々の〝マッジュン伝説〟を持つ完璧主義の松本クンも、実は失敗して挫折して悩み苦しみ、辞めたくなったこともある。

そんな松本クンを救ってくれたのが先輩・TOKIO松岡クンの言葉。

『不可能は可能に向かう手前の通過点。何度トライしようが、最終的にそこに辿り着いたらいい』

その言葉を聞いたとき、松本クンはスーッと肩の辺が軽くなった。

この言葉が、心折れそうになった松本クンを支え、この言葉から、諦めない強い気持ちを学んだ。

『人生は一度きりしかないけど、その中では何度だってトライ出来るじゃないか』

大切なのは、不可能を可能にするまで何度でもトライを繰り返せる〝諦めないスピリット〟なのだ。

## “Mr.パーフェクト”であるためのポリシー

『“嵐以外の出演者と絡む番組”では、絶対にやってはいけないことがある。
それはゲームで情けない姿を見せたり、トークでスベりまくったりしたとしても、
絶対に言い訳をしないこと。
要するに“失敗”のたびに言い訳をしていたら、
メンバー以外の出演者さんに“松本潤の弱点はアソコか”と、
公言するのと同じだから』

松本クンがこれまでの仕事から学んだ経験則として挙げたのが〝決して失敗の言い訳をしない〟こと。

〝言い訳〟イコール〝自分の弱点を晒し、言葉で繕っている〟に等しいからだ。

完璧な結果を出す男〝Mr.パーフェクト〟の松本潤は、誰に対しても〝隙〟を見せてはならないのだ。

『自分の弱点は知られないほうが良いに決まってる』

失敗してもスベっても決して言い訳をしない。

自分の弱点は自分だけが知っていればいい。

それが〝Mr.パーフェクト〟がパーフェクトである由縁なのだ。

## “石の上にも三年”の本当の意味

**『大切なのは単純に３年我慢することじゃなく、**
**その３年を次の３年、５年、10年、**
**願わくは一生に繋げるぐらい下地作りをすること。**
**当たり前だけど“期間の問題じゃない、中身の問題だ”**
**――って何でわからないんだろう』**

自分の座右の銘を「石の上にも三年」だと言う後輩に松本クンはこんな苦言を呈する。

『〝石の上にも三年〟と言った子が、「だから3年は同じ仕事を我慢して頑張ります」って言うのを聞いて、〝あれ？　ちょっと違うんじゃね〟……と思ったんですよ。大切なのは単純に3年我慢することじゃなく、その3年を次の3年、5年、10年、願わくは一生に繋げるぐらい下地作りをすること。当たり前だけど〝期間の問題じゃない、中身の問題だ〟――って何でわからないんだろう』

ただ単に黙って石の上に3年座っているだけでは何の成長もない。

5年、10年、我慢して座っていても結果は同じこと。

大事なのは〝期間ではなく中身〟なのだ。

3年の間に、何を学び、何を得て自分のものとするのか――。

それがわからなければ何年我慢しても何も変わらない。

## “ストイック”に自分を成長させていく姿勢

『負けたときはちゃんと自分自身と向き合って、
その理由を突き詰める作業が残っている。
一番ダメなのは、「何で負けたんだろ？ 不思議だな」……で放置するヤツ。
まず成長はしないね』

完璧主義な〝Mr.パーフェクト〟松本クンは、よく「ストイック」と言われる。

そうした声に松本クン自身はこんな反応を返す。

『この世界に入ると他人との勝ち負けより〝自分自身との勝ち負け、つまり目標や目的を叶えられたかどうかが〝勝負〟になる。目の前の仕事一つ一つに最低でも1回ずつは勝負の瞬間が来るから、それこそ真剣勝負の毎日を過ごさなければならない』

毎日の仕事すべてに〝真剣勝負〟を挑んでいる松本クン。しかし、そんな彼でも勝負に負けることもある。

『全勝で過ごせることは稀だから、負けたときはちゃんと自分自身と向き合って、その理由を突き詰める作業が残っているしね。それを〝ストイック〟と言われることが多いけど、こんなこと当たり前だから』

負けたときはその理由を突き詰め、次の勝負は絶対に勝つ。

耐えず自分を成長させていくその姿勢は、周りから見れば〝ストイック〟に映るかもしれないが、本人にとっては〝当たり前〟なのだ。

## “アイデアマン”であるための唯一の正解

『どうすればアイデアが浮かぶかなんて、
見つけたらノーベル賞をあげたいね』

嵐コンサートの演出を一手に引き受け、コンサートの構成や演出、新しいセット、仕掛けのアイデアを次々と繰り出す松本クン。

まるで湧き出す泉のように溢れ出るアイデアは一体どこから来るのだろうか?

『そんなカッコいいもんじゃないよ。ただひたすらに、アイデアが出るまで部屋で粘ってるだけ』

そう、実際には、締め切りに追われ、うんうん唸りながら必死に捻り出されたものばかり。

『ぶっちゃけ他人に一番見せたくないのは、コンサートの演出や構成、MCのネタを考えている姿。だって気分転換でスッポンポンになるときもあるし、奇声を発しながらグルグルと回っているときもある。〝こうすれば良いアイデアが浮かぶ、俺もなかなか才能あるな~〟って言い聞かせるように自画自賛して、あえて自分を追い込むこともある』

そして松本クンは「どういう人を〝アイデアマン〟と呼ぶか」について、究極の答え、唯一の正解を用意してくれた。それは――

『思いつくまで、絶対に諦めない人。そして思いついたとき、本当にそれで良いのか粘れる人』

もちろん松本クン自身もその一人だ。

## “嵐”として一番大切なこと

『一番大切なのは僕ら５人が“嵐”として集まったとき、
いかに楽しく笑顔で仕事が出来るか。
僕らが楽しければ、ファンのみんなもきっと楽しい』

デビュー以来、松本クンが大切にしてきたこと。

それは5人が〝嵐〟でいる如何なるときも「自分たちが楽しくなければファンも楽しくない」――という徹底したスタンス。

『僕は昔から〝メンバー全員が同じ目標を持って仕事をしなくてもいい〟――と思ってるんですよ。個人それぞれの仕事の内容によって、目指す方向や出したい結果が違うのは当然』

つまり、メンバーそれぞれが違う目的や目標に向かって、それぞれ個人の仕事をすればいい。それは個人個人で違うだろう。でもいざ5人で〝嵐〟として集まったときには、みんな同じ方向を向いていなくてはいけない。

それが嵐にとって一番大事だと松本クンは考えている。

たとえ活動休止中にメンバーそれぞれ違う目的、違う目標で仕事していても、5人が〝嵐〟に戻ってきたときには、再び今と同じように〝心から楽しんで笑顔を浮かべる〟5人の姿を見せてくれることだろう――。

## 不自由だからこそ生まれる自由な発想

『クリエイティブな仕事には“自由な発想”が確かに必要だけど、
その発想は100%の自由の下で生まれるものじゃなく、
実は70%、80%の不自由、
つまり制約や規則でがんじがらめになればなるほど、
突き抜けた発想に繋がることのほうが案外多いんだよね』

自由な発想は、自由な環境の下で生まれるわけではない。

制約や規則といった〝縛り〟があるからこそ、自由な発想が生まれてくる。

そして不自由であればあるほど、そこから生まれたアイデアは面白い。

松本クンが嵐コンサートの演出として生み出した〝ムービングステージ〟や〝MJウォーク〟といったアイデアも、会場の制限や予算の制約といった様々な規制の中で生み出されてきた。

〝環境や状況のせいにしない〟

それは松本クンのクリエイターとしての矜持。

## 全力で走り抜けることで築き上げる“絆”

『リーダーから話を聞いて、そりゃ当たり前のように俺たちは反対だったし、
“何が何でも脱退だけは阻止しなきゃいけない”って気持ちでまとまった。
でもある日、このままリーダーを同じ場所に立たせていても、
単純にその場で地団駄を踏んでるだけで、
リーダーの靴底が減ってしまうことに気づいたんです。
どうせ減るにしても、思いっ切り最後まで走り抜けて減らしたいじゃないですか』

「嵐を脱退したい」——そう訴えた大野クンの気持ちを靴底に例え、『どうせ擦り減ってしまうならば、2020年12月31日の期限に向かって懸命に活動することで擦り減らしたい』——と、松本クンが語った〝大野クンを想っての言葉〟。

『それが俺らが休止を選ぶまでの大きな転機で、またそこに新しい〝絆〟と〝意識〟を感じた瞬間でもありました』

嵐は活動休止までの期間を全力で走り抜けることで5人の間に、そしてファンとの間に〝揺るぎない絆〟を築き上げるのだ。

## 5人だからこそ叶えられる"嵐の夢"

『あえてビシッとひと言でキメちゃうけど、
嵐の"夢"は5人だからこそ現実になる。
1人や2人で語っていても、
夢はいつまで経っても夢のままだと思い知らされるだけ。
俺の中ではそれが基本中の基本だから』

大野クンの衝撃カミングアウトを、表向きは〝誰よりも冷静に聞いていた〟という松本クン。

しかし彼はその間、一人だけ「2020年12月31日までに何を叶えよう?」――と、ポジティブな思考を廻らせていたのだ。

『まずは2020年12月31日までに〝目の前の夢〟は叶えておく。そしてリーダーが戻ってくるまでの間、次の夢の準備を始めるつもり。もちろん、嵐の5人で叶える夢をだよ』

果たして松本クンが描く〝嵐の5人で叶える次の夢〟とは?

## “希望”がある限り立ち上がる

『ザックリ言うとさ、何度でも立ち上がればいいんだよ。

そこに“希望”がある限りは』

〝活動休止〟に際して、松本クンが語った本心。

『別に俺らボクシングの試合をしているわけじゃないんだし、どんだけダウンしても負けにはならない。俺の中にはそんな気持ちしかないのが今回の活動休止宣言。それだけは忘れないで欲しいかな』

そう、確かに何度ダウンさせられようと、また立ち上がれば良いだけなのだ。

5人なら絶対に立ち上がってくれる。

〝希望〟の灯は決して消えることなどないのだから。

## 自分にとっての“嵐”

**『嵐のことがさらに好きになった。**
**毎日ずっと“どうすればいいのか”を考えていたからかな』**

大野クンが2017年6月16日に「嵐を辞めたい」と打ち明けてから活動休止発表までの1年半、そのすべてを見守ってきたメンバーたちの中で、当初から〝お互いにかなり激しくやり合っていた〟のが松本クン。

会見で自分の想いを――

『解散ではない。それが大前提。でも自分たちがいい形で一度締めてみようと考えたこともあるので、驚きはさほどなかった』

――と、まとめた松本クンは、誰よりも真剣に大野クンと正面から向き合った。

『まずはリーダーの腹の中の本音を全部吐き出させたかった』

そうして大野クンの真剣な想いを聞いた松本クンは、『相手が本気なら、こっちも本気で受け止めなければ失礼だ』――と考え直したという。

大野クンの脱退宣言がきっかけとなり、〝嵐〟というグループをもう一度見つめ直した松本クンが辿り着いたのはこんな想いだった。

『嵐のことがさらに好きになった』

松本クンの中で〝嵐〟の存在が、今までよりもっともっと大きくなった。

## 2021年からの5人に必要なこと

『これまでは互いを思いやることを大切にしてきたけど、
2021年からは個々の強さを磨かなければならない』

嵐活動休止にあたって、休止後の自分たちの活動についてこう話す松本クン。

『一度バラバラになった嵐を再生して、またファンの前に持っていくのが俺の仕事。そのためには何を準備すればいいのか』

そのために必要なのは、2021年以降について、出来るだけドライに話を進めることだという。

『誰かの都合や環境に気持ちを持っていかれてしまうと、強い嵐として帰ってこられないから』

それが松本クンが考える〝強い嵐〟の作り方。

『復活するときは何倍も素晴らしいパフォーマンスを提供しなければ気が済まない。だから俺自身で言えば、ここで立ち止まるわけにはいかないし、もっともっと自分を高めなきゃならない』

2021年からは〝個々の強さ〟を磨くというヴィジョンを語った松本クン。

活動休止を経て、再び活動をスタートするとき、果たして5人は、どんな嵐を見せてくれるだろうか。

## 夢や理想を語るためには

# 『夢や理想を語るだけのヤツは、人生の99%を無駄にしてる。叶ったときの素晴らしさを知らないから』

夢や理想を語るだけで何も動かないのだとすれば、語ることすら意味がないだろう。
語るだけでは決して夢は叶わないし、理想に近づくことも出来ない。
夢や理想を語るなら、その実現に向けて自ら行動しなければいけないのだ。

## 向上心の源

**『昨日思い描いた今日じゃなかったら、**
**明日へ繋がる今日にすればいいんじゃね？**
**それが向上心ってヤツだよ』**

人生のほとんどは思い通りにならない。
〝昨日思い描いていた通りの今日〟になることなどめったにない。
それを嘆いていても仕方がない。
今日が思い通りにならなかったなら〝明日に繋がる今日〟にすればいい。
思い描いていたものと違ったことを〝向上心の源〟にすればいいのだ。

## どの“一流”を目指すのか？

**『一流の仕事をする人が、人間としても一流とは限らない。**
**でも人間として一流の人は、**
**その人が関わることで一流の仕事を生み出すことが出来る。**
**君は一流の仕事がしたいのか、一流の人間になりたいのか』**

〝一流の仕事がしたいのか、あるいは一流の人間になりたいのか〟

果たして〝どちらの一流〟を目指すのか？

人それぞれ目指す答えは違うだろう。

しかし出来ることなら――

「松本潤のように〝一流の仕事をする一流の人間〟を目指せ」

――それがベストなのは間違いない。

## 自分を過信しない

『どんなことでも、
自分がやっていることを“大したこと”だなんて思わないこと。
だってその瞬間のお前、隙だらけだもん』

人間は満腹になると気持ちも緩んで隙だらけになる。

野性の動物は満腹になったときに隙を狙われることを知っている。

油断と隙は最大の弱点だ。

油断と隙を作らないためには、常に自分を過信しないこと。

自分がやっていることを大したことだと〝驕る〟と、その瞬間に誰かに足元をすくわれるのがオチ。

## 今を懸命に生きろ

**『今、すっげえ悩んでても、1年後には何で悩んでたのかすら忘れる。だからこそ、その悩みを大切に、思う存分に悩んで結論を導き出せ』**


〝時間〟は勝手に過ぎていき、すべての瞬間は過去になる。

だからこそ〝今〟を大切に生きていかなければいけない。

『今、すっげえ悩んでても、1年後には何で悩んでたのかすら忘れる。だからこそ、その悩みを大切に、思う存分に悩んで結論を導き出せ』

これは松本クンが後輩の役者に贈った言葉。

『今を未来に繋げたいのであれば、どんなに苦しい瞬間でも懸命に生きろ』

この言葉には、そんな意味が込められている。

## 自己中の輪を広げてみよう

**『自己中の輪を少しずつ広げてみようよ。
いつの間にか輪の中心にいるのは自分じゃなくなって、
周りは人の温もりで溢れてるから』**

自分一人の殻に閉じ籠らず、人と人との触れ合いや繋がりを大切にすることで世界が広がる。

世界が広がることで気づくことがたくさんある。

そうして人は変わっていけるのだ。

『本当は昔のニノに言ってやりたかった』

——とは、松本クン談。

## 自分を好きになる

『自分を好きになる。
自分で自分を認めないと、夢の一つも描けないからね。
ただ、自分を好きになることって、
簡単そうに見えて難しかったりするんだけど……』

「自分のことを好きになれ」とはよく言うけれど、確かにそれは簡単そうで結構難しい。

自分の嫌なところは、自分が一番知っているのだから。

それでもあえて松本クンは「自分を好きになれ」と言う。

〝自分を好きになろう。自分を認めよう〟

それは自分の交遊関係、学校や仕事も含め、すべてを好きになることにも繋がるから。

そして、自分自身を認められないと、自分の将来に夢を描くことも出来はしないのだから。

だから難しくても……

「自分を好きになろう」

## 失敗を失敗で終わらせない

『それまでに重ねた失敗の糧があってこそ、次の成功に繋がる。
失敗を失敗で終わらせないためにも、どう活かすかを考えなきゃ』

誰でも失敗の一つや二つは重ねてしまうもの。
その失敗を失敗のままで終わらせないことが、まさに成功への秘訣なのだ。
〝成功のための失敗〟を、松本クンは恐れない。
積み重ねた失敗を糧にして、成功に辿り着くのだから。

## 自分の置かれた環境の中で結果を出す

**『何でもかんでも環境のせいにする“クセ”はつけちゃいけない。**
**自分やメンバーの置かれた環境の中で結果を出してきたからこそ、**
**今の俺たちがあるんだから』**

『嵐のワクワク学校』で共演したHey! Say! JUMPのメンバーに贈った松本クンの言葉。

デビュー10周年当時、思い描いていた未来に足りない彼らへの、厳しくも優しいセリフ。

何でもかんでも環境のせいにする〝クセ〟はつけちゃいけない。

自分の置かれた環境の中で結果を出すこと。

それが何よりも大事なのだ。

## 0.1％の可能性

# 『“逆転の確率0.1％”って、“0”より何倍もいい』

ドラマ『99.9 -刑事専門弁護士-』にちなんでの松本クンのポジティブシンキング。

確かに〝0〟よりは〝0.1〟のほうが可能性がある分、不可能ではない。

そう考えれば、どんなことでも可能性は見い出せる。

たとえ〝0.1〟だろうと〝0〟ではないのだ。

だから決して諦めてはいけない。

## “勇気をくれる”魔法の言葉

『何でもいいから自分に言い聞かせる、一歩前に進める言葉を持とうよ。

“座右の銘”とか、大袈裟に考えなくていいから。

ちょっとした勇気をくれる言葉をさ』

困ったとき、苦しいときに、自分を鼓舞してくれるフレーズ。

座右の銘とか格言とか、そんな大袈裟な言葉でなくてもいい。

ありふれた言葉でいいから、その言葉を思い浮かべると力がもらえる言葉を一つでいいから持っていよう。

悩んだとき、困ったとき、心折れそうなときに、勇気をくれる言葉。

自分にとっての〝魔法の言葉〟を——。

ARASHI名言集

嵐ノコトバ

Very best Phrase of ARASHI

ARASHI

# 嵐ノコトバ

Very best Phrase of ARASHI

大野智

『弱いのは恥じゃない。
弱さを認めずに強がることのほうが、よっぽど恥ずかしい』

『一番ダメなのは嫌々やること。
何でもいいから喜びや楽しみを見つけることで、
その仕事を好きになれるんだから』

『人間の欲なんてキリがないから、3つまでしか持たないようにしてる』

『自分が世間一般のリーダーらしくないから、みんながしっかりしてくれたんだよね。もしかしたら俺、周りを育てる天才かも(笑)』

『たぶん、「努力したい」とか口にしてる時点で、その人はきっと努力しない。
だって努力なんて、そもそも宣言してするものじゃないもん』

『何でかわかんないけど、
偶然チャンスやラッキーが続くときがあるじゃないですか？
そんなときはいつも思うんですよね。
〝もったいないから、もうちょっと後に現れてよ〟……って（笑）』

『後ろを向いてもいいことなんてないからね。
多少の障害物があっても、絶対に前を向いて進まなきゃ！』

『〝もうちょっと粘れば絶対に成功したのに〟……って後輩、多すぎるんだよね。
見切りをつけるのは結構だけど、ダサくて辛くてもやり続けないと、
ゴールの影すら見えないじゃん』

『僕の10歩と翔ちゃんの10歩は違う。
比べることにも意味はない』

『才能があれば夢が叶うと思っちゃいけない。
叶わなかったとき、自分の才能を疑うから』

『チャンスの貯金は出来ないけど、
ピンチは勝手に積もってるから気をつけなきゃ』

『泣いてもいいと思うよ、全然いい。
負けたっていいじゃない、一度や二度。
逃げなきゃいいんだよ、最後まで』

櫻井翔

『明日も頑張って生きるため、今日を頑張ろう』

『別に偉い人にはなりたくないけど、
偉い人たちにインパクトを与える活動はしたい』

『一人で仕事をしていると、
〝一度や二度の負けで人生が終わるわけじゃない〟――って、
良い意味で開き直れるんですよ。
グループだと〝一度たりとももう負けられない〟のが、今の嵐だけど』

『〝あのとき、こうすれば良かったな~〟とはよく思うけど、
でもだからといって後悔するわけじゃない。
〝後悔するな！〟とは言わないけど、最も生産性の低い行為だとは思う』

『まず自分が磨けるよね、自分よりも大きな人間に会うことで。
だからスケジュールが分単位になっても、絶対に何とかしたい』

『一つ学んだのは、沈黙の間《ま》が語ることって、
そのときのすべての会話より深いときがあるってこと』

『相変わらずファッションはダサダサって言われるけど、
それが自分の相応だと思ってるから、
特に変えようとは思ってないんだよね』

『〝いい顔〟で生きていきたいよね。カッコいいとか悪いとかじゃなく。
自分の生き方って、必ず顔に出るものだから』

『偉業って後世の人が決めることで、自分がその気になるものじゃない』

『保険をかけておくチャレンジって、ほとんど上手くいかないよ』

『気合いを入れなきゃいけない仕事のとき、一度でも振り返ると足が止まる。
追いかけてくる足音が聞こえる』

『普通の人よりちょっとだけ努力をすれば掴めるものは、
ハッキリ言って大した価値はない』

相葉雅紀

『昨日の自分に負けたくないけど、明日の自分には負けてもいい』

『平凡って、そんなに悪いことじゃないよ。だって真ん中にはいるわけだからさ』

『自分の失敗や弱点を認めて跳ね返せる人は、
実は〝一番強い人〟だと思うんです。
へこたれず、必ず立ち上がるんだから』

『忘れようとしても忘れられない失敗は、
忘れるんじゃなく〝実は成功していたんだ！〟って置き換えると、
誰だって前向きになれるよ』

『自分のほうが正しい自信があっても、周りの目が正しいこともある。
だからどんなアドバイスでも、まずは謙虚に聞きたい』

『人間は待つだけじゃ何も変わらない。
自分が進化したければ、自分が変化するしかないんだよ。
無知を恥じず、興味を持とうよ』

『まずは自分を好きになろうよ！
どんな自分でもいいじゃない！
自分を好きになるのは、楽しく生きるための基本だよ』

『確かに時間はみんなに平等。
でも使い方次第で、中身はめちゃめちゃ不平等』

『人に好かれるために頑張るんじゃなくて、
自分を好きになるために頑張る』

『大きい道が渋滞しているからって抜け道ばかり探す人は、
きっと普段の生活でも抜け道を探すんだよ』

『「今日よりも明日が大切。未来を向かなきゃダメ」
——って言われても、ピンと来なかった。
だって今日を大切にしなきゃ、明日に繋がらないじゃない』

『他人に対して〝ありがとう〟って言うのは、
自分に対して言ってるのと同じ。
僕はそう考えてますね』

## 二宮和也

『自分がビビっちゃうと、相手役がめちゃめちゃデカく見える。
どんなにベテランの方を目の前にしても絶対にビビらないように、
俺はあえてタメ口を使ってみたりするんだよね』

『注意力が散漫なんじゃなく、好奇心が旺盛なんだよ。
そこんとこ、間違えないで!』

『最近、ちょっと心に響いたのが、
「人生は奇跡の連続ではなく、軌跡を連続させること」——って言葉。
誰が言ったのかは、まったくわかんないけど』

『誰にでも自慢したくなるほど嬉しいことは、逆に控え目に話す』

『〝俺が出来ることは誰にでも出来る〟——常にそう思っておく』

『最初から「主役じゃなくていい、なりたくない」と言って、この世界に入って来る子は、残念だけどあまり信じない。自分の内側に隠していたっていいから、主役を目指す気概が大切なんだもん。それを言えるのは、一度はその仕事を極めた人だけだよ』

『周りの10人中、9人が反対した仕事ほどやりたくなる。
10人が反対した仕事は当然やらないけど』

『「芝居が上手い」って漠然と褒められるより、
一つでもいいから「あの役が好き」みたいに言われたほうが嬉しい。
たまにだけど、芝居が上手いイコール〝自分を偽る、人を騙す〟
……みたいに感じるときがあるから』

『昔、先輩たちに――
「大切なことほど後から気づく。毎日を大切にしろ」
――と言われたけど、
その言葉の本当の価値に気づいたのは、アラサーをすぎてからだね』

『調子がいい仕事をやっているときほど、次の仕事の勉強を始める』

『本気でゲームをしないヤツとは本気でつき合えない。
〝たかがゲーム〟と言うヤツには、たかが時間と金を使いたくない』

『誰かのひと言で救われるなら、それは嵐のひと言でありたい。
僕らはいつも、自分たちに〝もっと影響力があれば……〟と思いながら、
エンターテインメントを作ってる』

松本潤

『この前、ある番組のプロデューサーさんに、
「死ぬまで失いたくないものを一つ上げるなら何?」って聞かれたとき、
俺、答えが出せなかったんですよ。
だってありすぎてさ、煩悩の塊だから(笑)』

『ライバルがいなくなるとつまんない。
自分のためにも、ライバルにはいつもいてもらわないと困る』

『実際、好き嫌いがハッキリしない人は信用出来ない』

『階段を1段上がり、そこから見える景色を噛み締めて、
また次の階段に足をかける。
しっかりと、ゆっくりと。
明日はまた、次の階段を上がるためにある』

『空想のスゲえところって、アメリカの大統領にでもなれるところだよね。
次、何になろうかな？』

『仕事の大小で態度を変えるヤツは、絶対に人間が小さい。
だってさ、それは自分にとって〝大きいか小さいか〟だけの話で、
その仕事を見てくれるファンやお客さんには、
どれもこれも同じ〝1作品〟なんだから』

『トラブルには立ち向かったほうがいい。
下手に逃げると余計に傷口が広がるもん』

『僕は曲がり角に来たときが一番ワクワクしますね。
どっちに曲がるか、曲がった先に何があるのか。
どの道を選んでも、僕の知らない世界が待っている。
それを楽しくするのは自分次第』

『単純な考え方のほうが得られる結果がデカい。
思いもよらず嬉しい』

『自分が一流だと思ってるヤツはたいていが三流以下。
一流とか二流とかは、あくまでも他人や世間からの評価だからね。
そういう驕りが人を変えちゃうんだよ』

『弱いのは恥じゃない。
どれだけ負けてもその場所から逃げなければ、それは立派な勝ちに等しい。
わかる?
逃げなきゃいいんだよ、逃げなきゃ』

『一日に一つでいいから感激してみようよ。
そういう癖をつけておけば、自然と感受性が強くなるからさ。
感受性が強くなると、マジに人生が楽しいよ!』

# エピローグ

いかがでしたか。

皆さんは、嵐5人の言葉から、どんな希望やヒントを見出しましたか。


嵐の言葉は、その言葉に触れた人に勇気を与えてくれます。

それは彼ら自身が、常に勇気を持って何事にも全力でぶつかっているから。

しかしそんな彼らでも、決して順風満帆な人生を歩んできたわけではありません。

悩んだり、苦しんだり、悔しい思いをしたり、挫けそうになりながらも様々な壁や障害を乗り越えて、今のポジションに辿り着いたのです。

嵐が1999年のCDデビュー後、約5年間の不遇期を過ごしていたことは、皆さんもご存知のはず。

その頃、彼らは次のチャンスが来ることを信じ、不貞腐れずに前を向いて過ごしてきました。

おそらくは嵐のポジティブさ、他人に対する優しさなどは、この不遇期を通して育まれたものに違いありません。

人の痛みを知るからこそ、優しくもなれる。

だからこそ彼らの言葉は、聞く人の心に深く染み込み、突き動かしてくれるのでしょう。


やがて訪れる2020年12月31日――

嵐はこの日をもって、5人揃っての活動を一旦休止します。

たとえ彼らが活動を休止したとしても、彼らから放たれた言葉は永遠に人々の心に刻み込まれていくのです。


〝嵐の言葉〟――

その言葉の一つ一つが光を放ち、勇気と希望を与え続けてくれるのです。

たとえ1つでもいい、皆さんが彼らの言葉から〝何か〟を感じ、これからの人生を前向きに歩んでいくための糧としていただけるのならば、本書を制作した編者としてこの上ない幸せです――。

〔編者〕
**スタッフ嵐**（スタッフあらし）

元民放テレビ局ディレクターをはじめとする、元番組制作スタッフ数名で構成されるフリージャーナリスト集団。嵐とはかつて仕事上で交流を持つとともに、周辺スタッフとも関係を構築。彼らの持つネットワークを通して、嵐と交流のある現場スタッフを中心に取材を敢行し、嵐自身が語った言葉と周辺スタッフから見た５人の素顔を紹介したエピソードBOOKを多数上梓している。
主な著書に『嵐 ARASHI Chronicle 1999→2009』『嵐 ARASHI Chronicle 2010→2020』（太陽出版）がある。

嵐ノコトバ
―ARASHI名言集―

2020年4月30日　第1刷発行

編　者…………… スタッフ嵐
発行者…………… 篭宮啓輔
発行所…………… 太陽出版
東京都文京区本郷4－1－14　〒113-0033
電話03-3814-0471／FAX03-3814-2366
http://www.taiyoshuppan.net/

デザイン・装丁… 宮島和幸（ケイエム・ファクトリー）
印刷・製本……… 株式会社シナノパブリッシングプレス

ISBN978-4-88469-997-0

ARASHI名言集

# 嵐ノコトバ

Very best Phrase of ARASHI

## ◆既刊紹介◆

# 嵐 ARASHI Chronicle 1999→2009

スタッフ嵐［編］　¥1,400円+税

**1999年のデビューから、2009年の10周年まで――**
**デビュー当時の"お宝エピソード"や**
**"知られざるエピソード"で振り返る「嵐ヒストリー」**
**側近スタッフだけが知る貴重な5人の素顔を多数収録!**
**――"あの頃の嵐"が超満載!!**

1999
**『嵐』5人の誓い**　～『デビュー発表イベント』エピソード～
**『Vの嵐』での5人**　～『嵐』初主演ドラマ『Vの嵐』撮影エピソード～
2000
**相葉クンの涙のブルースハープ**　～『嵐1stコンサート』エピソード～
**大野クン感激の涙!**　～『嵐』結成1周年エピソード～
2001
**RADIOSTAR相葉クンの極秘特訓**　～相葉クン、初ラジオパーソナリティ番組エピソード～
**二宮クンの思い出の"あの公園"**　～二宮クン、オフタイムエピソード～
2002
**一番になりたい!**　～『夏コン』舞台ウラエピソード～
**『嵐』はジャニーズの"イジメられ系"**　～『Cの嵐!』番組エピソード～
2003
**松本潤&仲間由紀恵"熱愛報道"の真相**　～『ごくせん』エピソード～
**大野クンの「リーダーの座を守れ」**　～嵐オフタイムエピソード～
2004
**これで俺も『志村軍団』入りだ!**　～『天才!志村どうぶつ園』番組エピソード～
**『24時間テレビ』で一番大泣きしたのは?**　～『24時間テレビ』舞台ウラエピソード～
2005
**"松潤チェック"に亀梨金田一もKO?**　～『金田一少年の事件簿』舞台ウラエピソード～
2006
**"『嵐』解散の危機"に、リーダー立つ!**　～『木更津キャッツアイ』舞台ウラエピソード～
**相葉クンに起こった"時差ボケの悲劇"**　～キャンペーンツアー『JET STORM』エピソード～
2007
**『華麗なる毒入りプリン』に気をつけろ!**　～『花より男子2』撮影エピソード～
2008
**俺も『ヤッターマン』に出たい!**　～映画『ヤッターマン』舞台ウラエピソード～
**『ザッツ・NINOMIYA・エンターテインメント』!**　～嵐初『5大ドームツアー』舞台ウラエピソード～
2009
**大野クンを襲った"部屋飲み"の悲劇**　～『ARASHI Anniversary Tour 5×10』エピソード～
**"ジャニーズイチ仲が良いユニット"にライバル出現!!**　～"嵐デビュー10周年"エピソード～

## ◆ 既刊紹介 ◆

# 嵐 ARASHI Chronicle 2010→2020

スタッフ嵐［編］　¥1,400円+税

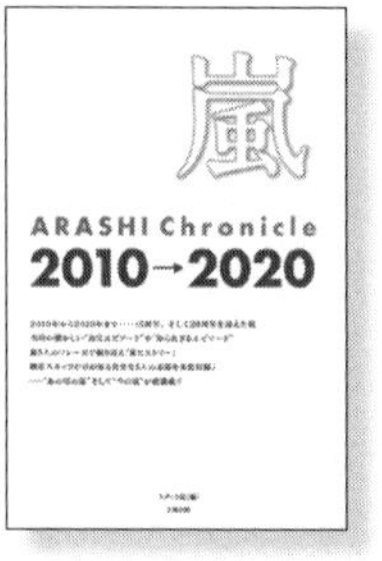


**2010年から2020年まで——**
**15周年、そして20周年を迎えた嵐**
**当時の“お宝エピソード”や“知られざるエピソード”**
**嵐5人のフレーズで振り返る「嵐ヒストリー」**
**——“あの頃の嵐”そして“今の嵐”が超満載!!**

2010
相葉クン、目指すは超一流！ ～『嵐にしやがれ』舞台ウラエピソード～
“東京ドームで絶対叶えたい”大野クンの夢 ～『ARASHI 10-11 Tour』バックステージエピソード～
2011
紅白初司会成功の裏に“あの先輩”アリ ～『紅白歌合戦』初司会エピソード～
櫻井クン&相葉クンの“こんなの初めて”な男2人旅 ～『ひみつの嵐ちゃん!』オフオフエピソード～
2012
嵐デビューに隠されていた“13年目の真実” ～『嵐にしやがれ』オフオフエピソード～
さんまさんがくれた“嵐がSMAPを超える”ためのヒント ～『ひみつの嵐ちゃん!』オフオフエピソード～
2013
相葉クンは“日本で一番かかりたくない”お医者さん ～ドラマ『ラストホープ』オフオフエピソード～
2014
15周年コンサートに懸ける嵐メンバーのアツい想い
～デビュー15周年記念ハワイコンサート・バックステージエピソード～
2015
6年ぶりの“カウコン出演”への特別な想い ～『ジャニーズカウントダウンコンサート』エピソード～
『嵐にしやがれ』リニューアルの裏にあるメンバーの“強い要望” ～『嵐にしやがれ』エピソード～
2016
“SMAP解散”で嵐が背負う責任と期待 ～SMAP解散エピソード～
『NEWS ZERO』10周年、キャスター櫻井翔の“変わらぬポリシー” ～『NEWS ZERO』エピソード～
2017
『嵐のワクワク学校2017』で共演した後輩グループへの期待 ～『嵐のワクワク学校』エピソード～
『24時間テレビ40』で見せた“プロ”としての矜持 ～『24時間テレビ』エピソード～
2018
『ブラックペアン』で見せた“ダーク”な一面 ～ドラマ『ブラックペアン』エピソード～
『花晴れ』でキンプリ平野クンへ贈ったメッセージ ～『花のち晴れ～花男Next Season～』エピソード～
2019
“嵐活動休止”——大野クンが語った本音 ～“嵐活動休止”舞台ウラエピソード～
『24時間テレビ42』メインパーソナリティに懸ける想い ～『24時間テレビ』エピソード～
2020
“嵐20年間”を振り返った松本クンの心境 ～”嵐デビュー20周年“エピソード～

## ◆ 既刊紹介 ◆

### ARASHI　嵐×5
#### ～5人で嵐、5人は嵐～

中村結美子［著］　¥1,300円+税

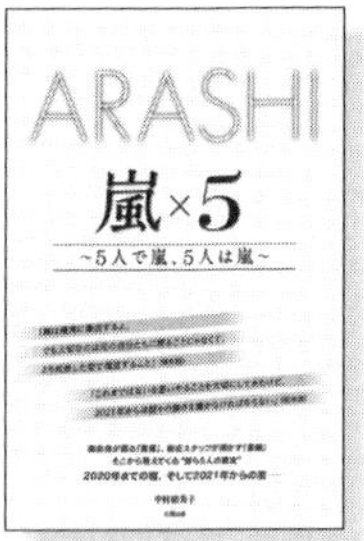


**『嵐は確実に復活するよ。**
**でも大切なのは元の自分たちに戻ることじゃなくて、**
**より成長した姿で復活すること』**〈櫻井翔〉

嵐自身が語る「言葉」、側近スタッフが明かす「素顔」
そこから見えてくる“彼ら5人の真実”
2020年までの嵐、そして2021年からの嵐——

**【主な収録エピソード】**

・大野智にとって唯一の“親友”
・大野智が実現したい“5人の約束”
・櫻井翔に訪れる“一生に一度のチャンス”
・櫻井翔が語る“嵐の正義”
・相葉雅紀が想う“責任の取り方”
・相葉雅紀に芽生えた“マナブ”意欲
・二宮和也にとっての“唯一無二の存在”
・“役者・二宮和也”が超えなければならないライバル
・MJが“MJ”たる由縁
・松本潤が描く“未来の嵐”

### 嵐　5×永遠
#### ～5人の絆～

松岡　匠［著］　¥1,300円+税

**『まずは2020年12月31日までに**
**“目の前の夢”は叶えておく。**
**そしてリーダーが戻ってくるまでの間、**
**次の夢の準備を始めるつもり。**
**もちろん、嵐の5人で叶える夢をだよ』**〈松本潤〉

彼ら5人の固い絆と揺るぎない結束
嵐自身の言葉と、側近スタッフの証言で綴る“真実の嵐”
彼ら5人の本当の想いとは——

## ◆ 既刊紹介 ◆

### 嵐 ～5人の今、そして未来～

矢吹たかを［著］ ¥1,400円+税

**『僕らで出した答え――**
**「後悔しないように、真っ直ぐ前に進んで行こう」**
**応援してくれるみんなのために。**
**メンバー一人一人が愛している嵐のために』**〈相葉雅紀〉

彼らの“今”、そして“未来”を、
嵐メンバー自身の言葉と、
側近スタッフだけが知るエピソードで綴る！
５人の絆、後輩に託す希望、活動休止までの使命、
2021年からの5人の動向――
“嵐の真実”を完全収録 !!

**【主な収録エピソード】**

・7年越しで叶える“大野智の夢”
・“嵐の大野智”として――大野が語った本音
・“キャスター櫻井翔”を目覚めさせた相葉雅紀の言葉
・“二度と後悔しないために”――櫻井翔の決意表明
・“笑顔”に込めた相葉雅紀の想い
・“活動休止に向けて”――相葉の想い、嵐の想い
・“役者・二宮和也”が持ち続ける向上心
・二宮が入りたかった“あのグループ”
・松本潤が認める“若きライバル”
・新たなる“嵐の聖地”

**太陽出版**
〒113-0033
東京都文京区本郷 4-1-14
TEL 03-3814-0471
FAX 03-3814-2366
http://www.taiyoshuppan.net/

◎お申し込みは……
お近くの書店にお申し込み下さい。
直送をご希望の場合は、直接小社宛にお申し込み下さい。
ＦＡＸまたはホームページでもお受けします。